LA RECLUSE

RENÉE DE VENDOMOIS

PAR

L'Abbé Ambroise LEDRU

MAMERS

G. FLEURY ET A. DANGIN, IMPRIMEURS-EDITEURS

1892

LA RECLUSE
RENÉE DE VENDOMOIS

LA RECLUSE
RENÉE DE VENDOMOIS

PAR

L'Abbé Ambroise LEDRU

MAMERS

G. FLEURY ET A. DANGIN, IMPRIMEURS-ÉDITEURS

1892

LA RECLUSE
RENÉE DE VENDOMOIS [1]

I

SOUDAY

Le village de Souday (2), dans le Perche Vendômois, est situé presque au bord d'un plateau, entre les curieuses villes de Mondoubleau et de Montmirail, sur la rive gauche et à quelque mille mètres du Couëtron, qui promène ses eaux

---

(1) Ce sujet a déjà été traité plusieurs fois, notamment dans la *Revue du Maine*, t. X, p. 5 et suivantes, par M. le marquis de Rochambeau. Mais, jusqu'à ce moment personne ne s'est préoccupé d'utiliser *tous* les documents qui concernent le fameux procès criminel de Renée de Vendômois, documents conservés dans les divers fonds des Archives nationales, aux Archives départementales d'Eure-et-Loir, au château de Glatigny et ailleurs. C'est pour combler cette regrettable lacune que j'entreprends ce travail. Je le diviserai en trois parties : la première sera le récit du crime et de l'expiation de Renée de Vendômois ; la seconde comprendra les Pièces justificatives et la troisième contiendra des notes sur les familles qui furent mêlées au drame. M. l'abbé Chambois, l'auteur de l'intéressant travail : *Une Vendetta percheronne en 1611,* veut bien me prêter son concours pour cette dernière partie.

J'apprends à la dernière heure que M. l'abbé Chéramy, curé de Choue, vient de communiquer à la *Société archéologique, scientifique et littéraire du Vendômois* une Notice sur la Recluse. Je ne crois pas que son étude puisse servir à modifier la mienne.

.(2) Département de Loir-et-Cher, arrondissement de Vendôme, canton de Mondoubleau. Souday faisait partie de l'ancien diocèse du Mans.

limpides dans une vallée pleine de bois et de prairies.

L'église de Souday est une des plus remarquables de la contrée. Le chœur, du XVIe siècle, bâti au-dessus d'une vaste crypte, est orné de vitraux où l'on remarque des portraits de bienfaiteurs. Une partie de la nef, en petit appareil de silex avec rangs de briques, offre un curieux spécimen du style roman primitif.

Dans le bourg, quelques maisons, précédées d'auvents soutenus par des piliers en bois, rappellent des époques déjà lointaines.

En face et au nord de Souday, sur la rive droite du Couëtron, s'élève le château de Glatigny. L'ancienne demeure des du Bellay, entourée de grands arbres, domine de toute la hauteur d'un piédestal de collines le cours de la petite rivière. Celle-ci, après avoir apporté la fraîcheur et la fécondité aux terres du domaine, traverse sous un pont la route de Souday à Montmirail, donne la vie au moulin de Taillefer et arrose les pelouses du manoir de la Cour avant d'aller se perdre dans la Braye, entre l'ancienne abbaye du Gué-de-Launay et le bourg de Valennes.

C'est au manoir de la Cour, non loin de Glatigny et sur le territoire de Souday, que je vais transporter le lecteur.

Le fief de Souday appartenait au XIVe siècle à une noble famille nommée Le Gallois. Un membre de celle-ci, messire Tribouillart de Souday, se distingua par ses violences à Melleray (1) et surtout pendant les guerres de Cent Ans. Il eut la garde du château de Montmirail et fut pris à la

---

(1) Le 25 avril 1354, « mons^r *Triboillart de Souday*, chevalier », vassal de Jeanne de Bretagne, dame de Cassel et de Montmirail au Perche, s'étant porté à de graves excès « en la ville de Merellay (Melleray) », sur les personnes de Guillemin Trochon, sergent de la dite dame, et de Simon Bourdin, son tabellion en la châtellenie dudit Montmirail, consentit à se rendre prisonnier dans le château dudit Montmirail, avec son complice « Bouchart de Montigny, escuier ». Arch. nat. X/1^c 8, cote 72. — Jeanne de Bretagne, dame de Cassel et de Montmirail, était veuve de Robert de

bataille de Poitiers, en 1356. Pour se tirer des âpres mains anglaises, le malheureux chevalier dut engager une grande partie de ses biens. Le dauphin Charles voulut récompenser un si bon serviteur de son père ; il lui donna en 1359 la terre du Saulce-Gouet, qui avait été confisquée sur Jean de Gaillon, partisan de Charles-le-Mauvais (1).

Le neveu de Tribouillard, Jean Le Gallois, ne se maria pas. Il occupa ses loisirs à faire édifier son manoir de la Cour de Souday, qui passa bientôt par héritage à la maison de Saint-Berthevin (2).

Dans les premières années du règne de Louis XI, Souday avait pour maître et seigneur Jean de Saint-Berthevin, écuyer, fils de Jean et de Jacquette de Vassé. Vers 1468,

---

Flandre, fils cadet de Robert et de sa seconde femme Yolande de Bourgogne. Jeanne de Bretagne mourut en 1363 et Robert de Flandre en 1331. Le 29 février 1325 (v. s.), Robert de Flandre, sire de Cassel, d'Aluye, et de *Montmirail* au Perche, reconnut avoir reçu des habitants de la ville de Gand, la somme de 4,000 livres parisis. Arch. de l'Hôtel-de-Ville de Gand. Chartes, n° 321.

(1) « Charles, etc. savoir faisons.... que comme notre amé et féal chevalier messire *Tribouillart de Souday* ait servi bien et loyaument notre dit seigneur (le roi Jean), ses prédécesseurs et nous, tant au fait des guerres, où, par plusieurs et diverses fois, il a mis et exposé son corps et sa chevance, *esté pris par les ennemis dudit royaume en la compagnie de notre dit seigneur en l'ost qui dereniérement fut près de Poictiers* et ailleurs, rançonnez et mis par iceulx ennemis à teles et si excessives rençons que la plus grant partie de sa chevance est courue, comme aussi *en la garde du chastel de Montmirail au Perche* », sans qu'il ait jamais été récompensé. Toutes ces choses considérées, nous donnons audit Tribouillart de Souday « par héritaige à touz joursmes... *la terre de Sauce-Goiet*, acquise et confisquée... *pour la forfaiture de Jehan de Gaillon*, chevalier, qui de nouvel s'est rendu ennemi et malveillan de notre dit seigneur et de nous... et demourant en la compagnie du roy de Navarre, notre ennemi... Donné à Paris, l'an de grâce mil CCC LVIII, ou mois de janvier ». Arch. nationales, JJ 90, fol. 16, n° 34.

(2) *Chronique d'un curé de Souday* conservée dans le fonds des Archives municipales du Mans et publiée par M. Moulard dans la *Revue historique et archéologique du Maine*, t. XVI, p. 79 et suivantes.

Le nouveau château de la Cour, propriété de madame la comtésse de Solages, née de Courtarvel, n'est pas tout-à-fait sur l'emplacement de l'ancien.

il songea au mariage, chercha une alliance parmi les meilleures familles du Maine et se fit agréer par une noble dame, Jeanne de Tucé, veuve de Guillaume de Chaources, seigneur de Clinchamp (1). Leur union fut féconde, car ils eurent Guillaume de Saint-Berthevin, qui devait épouser Catherine de La Tour, fille de Raoulet, seigneur de Glatigny, et Catherine, future femme de François de Mesenge, fils de René, seigneur de Saint-Paul-le-Gaultier.

Jeanne de Tucé mourut dès 1474 ; elle fut inhumée à Souday, dans la chapelle de Notre-Dame-de-Pitié. Son mari avait beaucoup de piété et de religion, remarque un brave curé de la paroisse, mais par malheur pour lui, il ne put garder la continence et crut qu'il valait mieux convoler en secondes noces que de brûler (2). En celà, il ne faisait que suivre le conseil de l'apôtre.

II

JEAN DE SAINT-BERTHEVIN ÉPOUSE RENÉE DE VENDOMOIS

Il y avait alors à La Tibonnelière, nous dit le même curé de Souday (3), une dame nommée Renée de Vendômois (4), jeune et belle veuve de feu Perceval de Halley. Notre Jean en fut épris, et, *sans considérer de trop près son mauvais génie*, il l'épousa vers 1478.

Je ne sais comment le seigneur de Souday eût pu considérer de près son mauvais génie, mais je crois qu'il aurait dû réfléchir attentivement sur le danger que court un homme qui a passé la quarantaine se mettant en tête de prendre en

---

(1) Bibliothèque nat.; département des manuscrits. *Pièces originales,* t. 2894, *Tucé* 64307, cote 8. *Généalogie.*

(2) *Chronique de Souday ; Revue du Maine,* t. XVI, p. 85.

(3) *Revue du Maine,* t. XVI, p. 85.

(4) Renée de Vendômois était fille d'Hamelin et nièce de Jeanne de Vendômois unie à Gervais de Ronsard, seigneur de La Poissonnière. Cette Jeanne vécut en adultère avec Jean de Bourbon-Carency qu'elle finit par épouser en 1420. Abbé Chambois, *Une Vendetta percheronne, en 1611,* p. 7.

mariage une damoiselle de seize ans (1). Il n'est pas nécessaire dans ce cas d'être grand clerc pour prévoir de funestes conséquences. Jean de Saint-Berthevin, je l'admets, avait beaucoup de piété et de religion ; en revanche, il possédait une dose de sagesse et de clairvoyance tout-à-fait insuffisante.

La famille de Vendômois, qui portait pour blason : *coupé au premier d'or à trois fasces de gueules, et au deuxième d'hermines*, occupait, tout comme celle de Saint-Berthevin, un rang distingué dans la province du Maine et particulièrement au pays de Château-du-Loir, où elle possédait de nombreux fiefs.

La noblesse de Renée de Vendômois, son jeune âge et sa beauté, avaient donc déterminé le mariage de Jean de Saint-Berthevin. Le seigneur de Souday installa sa femme à la Cour, bien résolu de garder précieusement son trésor.

L'ancienne Cour de Souday, entourée des eaux du Coëtron, n'était pas une de ces imposantes forteresses dont nous entretiennent les chroniqueurs, que l'on assiégeait et que l'on défendait avec acharnement dans les guerres civiles et dans les guerres d'invasion. Ce serait une erreur de supposer que tout gentilhomme avait un donjon, ceint de deux ou trois fossés, et de hautes tours à sa demeure. Les châteaux forts étaient l'exception (2). Le manoir de Jean de Saint-Berthevin, comme les autres gentilhommières, était construit sur le plan d'une vaste ferme et il est facile de le reconstituer d'après des données générales.

Un grand portail, presque toujours surmonté d'une chambre, au-dessus duquel se détachait en relief l'écusson du seigneur, donnait accès à une cour carrée, entourée d'écuries, vacheries, bergeries, pressoirs, chapelle (3) et autres

(1) Pièces just., n° IV.
(2) Marquis de Belleval. *Nos pères, mœurs et coutumes du temps passé*. Paris, 1879, p. 222.
(3) Marguerite de Marescot, veuve de Jacques de Vendômois, fit le 1ᵉʳ octobre 1610, un testament dans lequel elle rappelle qu'elle a fait vœu

bâtiments. Au fond, s'élevait l'habitation du maître qui se composait ordinairement d'une cuisine, d'un cellier, d'une grande salle au rez-de-chaussée et de quelques chambres avec garde-robe au premier étage. Le mobilier des chambres principales consistait en un lit à dais tendu de serge rouge, jaune ou verte, parfois rehaussé de broderies et de bordures de soie, avec une ou deux tables, des chaises à dossier et des bahuts servant à la fois de coffres et de sièges. Les murs étaient couverts de tapisseries de Flandre ou de Turquie et des nattes cachaient le pavé. La garde-robe renfermait d'autres bahuts et des armoires qui contenaient le linge, les vêtements et le meuble indispensable, la *chaise de nécessité* (1).

Dans la chambre du seigneur, on remarquait, outre le mobilier, des épées et des dagues avec leurs fourreaux de velours. La salle principale, au rez-de-chaussée, où maîtres et serviteurs se réunissaient pour les repas, était décorée d'arbalètes, de pistolets, d'arquebuses, de javelines et de vouges de guerre.

Ces demeures simples, défendues soit par des fossés (2), soit par des bras de rivière comme à la Cour, abritaient pourtant de nobles personnages, chevaliers et écuyers. A l'instar de leurs puissants suzerains qui menaient grand train dans leurs châteaux aux robustes murailles, les gentilshommes campagnards avaient pennons et bannières, écussons sur leurs cottes d'armes et sur les robes de leurs femmes, portaient l'armure et conduisaient souvent à la bataille une compagnie d'écuyers.

En installant son épouse au logis seigneurial, Jean de Saint-Berthevin lui montra avec orgueil les bagues, les

---

de faire célébrer tous les lundis de l'année pendant la vie de mademoiselle d'Alleray, sa fille, une messe basse « en la chapelle de la Cour de Souday ». Arch. parois. de Souday. *Volume de testaments*, fol. 299-302.

(1) D'où l'expression, *aller à la garde-robe*.

(2) Voir l'article *Manoir* dans le *Dictionnaire de l'architecture* par Viollet-le-Duc, t. VI, p. 300-316.

joyaux et toutes les richesses qu'il mettait à sa disposition. Renée fut enchantée ; elle remarqua surtout un miroir d'or garni de dix-sept perles avec quatre balais ou saphirs et de magnifiques colliers d'or enrichis d'ornements et de perles précieuses (1). Un instant, elle se crut heureuse et ,dans un moment d'abandon, elle jura peut-être à son mari qu'il ne lui restait rien à désirer.

La jeune femme mit au monde deux enfants dont l'un mourut bientôt (2).

Et les jours s'écoulaient lentement au manoir de la Cour. Pendant que Jean de Saint-Berthevin suivait ses meutes à travers les bois, Renée restait rêveuse au milieu de ses bijoux, avec son tout jeune fils, François, né en janvier 1481, et les deux enfants de Jeanne de Tucé, Guillaume et Catherine (3).

III

GUILLAUME DU PLESSIS. — ADULTÈRE. — VENGEANCE DU SEIGNEUR DE SOUDAY.

La *Chronique de Souday* (4) veut bien nous apprendre que Jean de Saint-Berthevin était un homme fort réglé, vivant en son château occupé au bon ordre de sa maison, se faisant un plaisir de bien recevoir chez lui toute la noblesse du pays et regardant comme ses meilleurs amis ceux qui le venaient souvent visiter.

Il faisait encore preuve d'une certaine naïveté, car presque toujours

« Pour amitié garder, faut paroys entreposer ».

(1) Pièces justificatives, n° VI.
(2) Pièces justificatives, n° II, et IV.
(3) Pièces justificatives, n° IV.
(4) *Revue du Maine,* t. XVI, p. 85.

Un des plus assidus auprès de Jean de Saint-Berthevin était un écuyer nommé Guillaume du Plessis, fils de feu Jean du Plessis et de Catherine d'Avaugour, dame du Mée, en la paroisse d'Arrou (1). Cet homme, jeune, beau, bien fait, alerte et fort grâcieux (2), se prétendait cousin de Renée de Vendômois (3), et, en cette qualité, faisait de nombreux voyages à la Cour de Souday.

— Mon cousin, disait-il à Jean, en quittant l'étrier, Dieu vous garde et vous donne prospérité ! Je suis chargé par ma mère de vous apporter ses souhaits. Tout réussit-il selon vos désirs ?

— Beau fils, répliquait le maître du logis, je satisferai à vos demandes quand vous serez reposé. — Holà, Renée ! Venez ici, douce amie; présentez-vous à votre gentil cousin et conduisez-le dans la grande salle, pour qu'il puisse réparer ses forces. Le chemin est long d'Arrou à Souday ! — Il y a toujours du vin, du cidre, de l'hypocras et de la cervoise dans les celliers de la Cour ! — Ah ! Guillaume, vous me faites moult plaisir ! — Allons Renée, la belle des belles, prenez soin de notre parent !

Alors le brave homme serrait vigoureusement la main de Guillaume ; il n'était content que lorsqu'il voyait le cheval du cousin à l'écurie devant un râtelier bien garni, la

---

(1) Messire Jean du Plessis, chevalier, et dame Catherine d'Avaugour, sa femme, acquirent, le 18 mai 1467, de noble homme Raoulet de La Tour, écuyer, et de damoiselle Henriette d'Avaugour, sa femme, l'hébergement, terre et seigneurie du Mée, en la paroisse d'Arrou. Bibl. nat. *Collection Chérin*, t. 158, du Plessis-Chastillon 3207, cote 7. Copie prise sur acte original. — On trouve en 1497, Anne de Courcillon, *dame du Petit-Mée*, du chef de son premier mari, Jean du Plessis (Arch. dép. d'Eure-et-Loir, E 2799). Ce Jean du Plessis, écuyer, seigneur de Champchabot, archer de la garde du corps du roi, semble être, comme Guillaume, un fils de Jean du Plessis et de Catherine d'Avaugour. Il avait acquis, le 18 février 1490, la terre et seigneurie du Petit-Mée de noble homme Jean de Courtallain, écuyer. Bibl. nat. *Coll. Chérin*, t. 158, *du Plessis-Chastillon* 3207 ; *passim*.

(2) *Chronique de Souday. Revue du Maine*, t. XVI, p. 86.

(3) Pièces justificatives, n° I.

table chargée de victuailles et les grands hanaps remplis de liqueurs généreuses.

Besoin n'était d'encourager la châtelaine. Depuis longtemps déjà, elle se sentait mordue au cœur (1). Pour elle, Guillaume du Plessis était le gentilhomme accompli, beau de corps, éveillé d'esprit, bien-appris en tous les exercices de chevalerie, loyal, courtois et joyeux. Son mari, au contraire, formait ombre dans le tableau, probablement parce que les années exerçaient leurs ravages habituels et accomplissaient impitoyablement leur œuvre destructive sur sa personne.

Hélas ! Guillaume du Plessis, bien que gentilhomme de nom et d'armes, n'était qu'un paillard sans vergogne ; il entraîna Renée vers l'abîme et la chute de celle-ci fut complète.

Jean de Saint-Berthevin mit un certain temps à ouvrir les yeux, mais enfin il les ouvrit. Les assiduités de son ami lui apparurent sous un nouveau jour et il s'en plaignit amèrement.

Renée prétendit que les soupçons de son mari étaient injustes.

Le seigneur de Souday fut peut-être ébranlé par les protestations énergiques de sa femme, car, sans aucun doute, elle nia avec la dernière énergie, prenant à témoins de son innocence tous les saints du ciel. Comment eût-elle pû apporter le déshonneur dans la maison de celui qui l'avait comblée d'affection et de biens ! Comment pouvait-on lui supposer assez de lâcheté pour fouler aux pieds ses devoirs maternels !

La malheureuse n'en persévérait pas moins dans son iniquité ; elle en arriva bientôt à subir sans résistance toutes les volontés de son séducteur et fut subjuguée à ce point qu'elle déroba à son mari des sommes d'argent considérables destinées à payer les bonnes grâces de Guillaume.

(1) *Chronique de Souday. Revue du Maine*, t. XVI, p. 86.

Jean de Saint-Berthevin était un gentilhomme pratique et rien moins que dissipateur. Sans aucun doute, il aimait sa femme, mais son affection pour elle n'allait pas jusqu'à lui faire oublier ses intérêts matériels. La disparition de ses beaux écus d'or, serrés avec soin dans un solide bahut muni d'une bonne serrure, lui parut un mystère facilement explicable.

— Renée et moi, pensa-t-il sans grand effort d'intelligence, avons seuls la clef du coffre. Ce n'est pas moi qui gaspille mon trésor, donc c'est elle ! Oui, c'est elle qui me vole !... Et pourquoi ?... Lui ai-je jamais refusé les joyaux qu'elle m'a demandés, des pantoufles en velours ou en satin, des chemises en fine toile de Hollande, une gorgerette de fil ou de soie, une cotte de damas blanc, une robe ornée de fourrure ?... Mon bonheur dût-il sombrer dans cette enquête, j'en aurai le cœur net ! Je veux tout savoir ! Renée me vole ; elle me trompe avec Guillaume du Plessis, avec ce misérable damoiseau que je reçois comme un fils et que j'aurais dû chasser comme un chien !... Pourquoi ne suis-je pas resté fidèle au souvenir de Jeanne de Tucé !

Il va sans dire que le caractère du seigneur de Souday s'était un tant soit peu aigri depuis qu'il entrevoyait son malheur (1).

Les vols dont il était victime mirent le comble à son exaspération ; cependant il fut assez maître de lui-même pour ne pas se laisser de prime abord emporter par la colère.

— Renée, dit-il doucement à sa femme en tête à tête, il se passe ici un fait extraordinaire qui doit vous intéresser. On est parvenu à me soustraire de notables sommes (2) et

(1) Renée de Vendômois et Guillaume du Plessis prétendaient que Jean de Saint-Berthevin avait toujours été dur pour sa femme.
(2) D'après des lettres du 23 février 1505 (v. s.), Renée de Vendômois aurait donné à Guillaume du Plessis l'énorme somme de 10,000 écus, avec laquelle le dit Guillaume aurait acquis, ou du moins achevé de payer, la

tout dernièrement encore plus de cent soixante écus. En outre, le sceau de mes armes vient de disparaître, ce dont je suis particulièrement marri parce qu'au « moien d'icelui on pourra m'obliger à mon deceu ». Je compte sur votre perspicacité pour trouver le voleur. A vous parler franc, je crois qu'il est inutile de chercher le coupable parmi nos serviteurs.

En disant ces mots le seigneur de Souday regardait attentivement sa femme.

Pas une fibre ne remua dans la figure de celle-ci, habituée qu'elle était à dissimuler. Elle répondit sans le plus léger trouble :

— Mon mari, vous réclamez votre argent et votre sceau comme si vous me soupçonniez d'être pour quelque chose dans le larcin. Je ne sais où est votre argent, je vous assure. Pour ce qui est de votre sceau, êtes-vous bien certain de sa disparition de l'armoire où vous l'avez déposé. Si vous le voulez, nous le rechercherons ensemble.

— Qu'à celà ne tienne, ma mie ! Allons et cherchons.

Le sceau était en effet à sa place ordinaire.

— Eh bien ! Jean, vous voyez, vos soupçons ne sont pas tous fondés. Peut-être, votre argent n'est-il pas si loin que vous le pensez !

Le seigneur de Souday ne se contint plus.

— Oui vraiment, mademoiselle, le sceau de mes armes est bien à sa place ordinaire, car vous l'y avez remis il n'y a pas douze heures. Quant à mon argent, vous n'ignorez pas le chemin qu'il a pris. Il n'est plus besoin de dissimuler. Vous avez apporté la honte sous mon toit. Vous me trahissez avec ce larron d'honneur, Guillaume du Plessis, à qui vous devez encore payer ses honteuses complaisances. Êtes-vous tombée assez bas, misérable gouge !

forteresse du Mée, « *decem millia scuta ex quibus idem Guillermus du Plessis,... conquestum et fortalicium du Metz ac alia bona acquisierat...* » Arch. nat. *Reg. du Parlement*, X/ 2ª 65, fol. 75 et 76.

— Jean ! vous vous trompez. Je vous le jure par les Saints-Évangiles, je vous ai toujours été fidèle...

— Assez, par la mort Dieu ! répliqua Saint-Berthevin dont le sang bouillonnait avec une force extraordinaire, vos serments de ribaude valent juste autant que ceux que vous me fîtes il y a tantôt quatre ans en face de sainte Église. Dieu vous châtira un jour selon vos mérites, mais en attendant je veux commencer son œuvre.

N'ayant pas d'armes sous la main, le seigneur de Souday avisa un fagot auprès de la cheminée. Il en tira une solide verge et en frappa Renée à plusieurs reprises. — Celle-ci était presque nue, la scène se passant pendant la nuit. — Les coups frappés vigoureusement laissaient leurs traces bleuâtres sur les épaules de la jeune femme (1).

Renée, à genoux, criait grâce.

— Grâce, grâce ! Ah ! vous demandez grâce maintenant que vous avez traîné mon nom dans la fange de l'adultère, que vous avez fait litière de votre honneur ! Vous criez miséricorde, non par repentir, mais par crainte de la mort !...

— Encore une fois, je ne suis pas la coupable que vous supposez, gémit Renée. Je ne vous ai jamais trompé. Tout au plus, puis-je me reprocher un excès de complaisance envers Guillaume ; il avait besoin d'argent, je lui en ai prêté. Voilà tout !

— Soit, répliqua Saint-Berthevin qui, tout en conservant de violents soupçons, ne demandait pas mieux que de garder quelques illusions, j'admets ce que vous me dites, mais, vous ne serez pas surprise si je ne vous rends pas ma confiance. Le temps et vous pouvez seuls guérir la blessure que j'ai au cœur !

A partir de ce moment, un profond trouble régna dans le ménage. Saint-Berthevin « menait très-dure vie » à sa femme ; celle-ci, de temps à autre, faisait prier Guillaume

(1) Pièces just. nº II. — « Icelui de Saint-Berthevin la batit de verges d'un fagot toute nue... ». Pièces justif. nº IV.

du Plessis de restituer l'argent qu'elle lui avait donné, afin d'éviter de perpétuelles récriminations. Guillaume répondait :

— Votre mari a dit devant certains archers que je l'avais volé. Par le sang Notre-Seigneur, qu'il se tienne bien ; si jamais il recommence le même propos, je lui ferai à tout jamais rentrer les paroles dans le gosier (1).

IV

MEURTRE DE JEAN DE SAINT-BERTHEVIN

La haine de Renée de Vendômois pour Jean de Saint-Berthevin croissait en raison des rigueurs dont elle était l'objet et prenait des proportions extraordinaires. Humiliée, battue, elle rêvait une vengeance qui lui donnerait la liberté d'épouser Guillaume du Plessis.

— Mon doux ami, disait-elle ou écrivait-elle à son amant, je maudis l'heure où j'ai vu pour la première fois celui à qui j'ai lié ma vie. C'est un grossier soudard qui m'écrase chaque jour de sa brutalité. Mieux vaut la mort que ma triste existence ! Vous qui m'aimez, saurez-vous rompre ma chaîne. Guillaume, vous êtes fort, vous êtes vaillant ; trouvez un prétexte pour provoquer Saint-Berthevin. Il vous sera facile de le tuer, car c'est un lâche, un lâche qui fustige une femme sans défense et qui tremble devant un homme résolu. Par pitié pour moi, tuez-le ou faites-le tuer, et nous nous aimerons sans contrainte (2).

Guillaume du Plessis n'avait que faire d'être excité outre mesure pour en arriver aux dernières extrémités. Sa passion brutale, gênée par la surveillance d'un mari, lui était un aiguillon plus que suffisant.

(1) Pièces just. n° II.
(2) Pièces just. n° II.

Le poison mêlé avec l'hypocras n'avait pu avoir raison du seigneur de Souday (1). On chercha un autre moyen.

Un ancien serviteur de Guillaume du Plessis, répondant au nom de Grand-Jehan (2), parut avoir les qualités requises pour retrancher Saint-Berthevin du nombre des vivants. C'était un gaillard solide, craignant le diable non plus qu'un pichet de vin et prêt à tout faire pour un écu.

— Saint-Berthevin m'a insulté et maltraite la dame de Souday que j'aime, lui dit son maître. Veux-tu nous venger moyennant bonne récompense ?

— Je suis vôtre et ne bouderai pas à votre besogne, répondit le misérable.

— C'est bien, tu te rendras près du pont de la maison de Souday (3), pour prendre langue avec demoiselle Renée de Vendômois, ensuite tu exécuteras de point en point ce qu'elle t'ordonnera.

Quelques jours plus tard, Grand-Jehan vint à la Cour sous un « habit de coquin », c'est-à-dire vêtu en mendiant, couvert d'un mauvais manteau et la besace sur l'épaule. Après avoir conféré avec Renée sous prétexte d'aumône, il se cacha dans une cave voisine guettant la sortie de Saint-Berthevin. Ce fut inutilement ; le maître du logis ne parut pas (4).

— Partie remise, se dit le truand en sortant de sa musse. Beau seigneur de léans, tu n'échapperas pas, à moins que tu ne te confines dans ton manoir pour le reste de ta vie. Dans ce cas, il me restera la ressource de t'enfumer comme un renard.

Au XVᵉ siècle, les gentilshommes conservaient encore les habitudes de piété du moyen-âge. L'assistance quotidienne à la messe et même la récitation de l'office divin avec leurs femmes et leurs enfants étaient pour eux pratiques com-

---

(1) Pièces just. nº I.
(2) Quelques documents portent *Gros-Jehan*.
(3) Pièces just., nº II.
(4) Pièces justificatives, nº II.

munes, tant l'esprit chrétien était vivace dans l'ancienne société (1).

Dans le temps de Noël 1483, Jean de Saint-Berthevin ne récitait certainement pas ses heures avec sa femme, mais il allait seul chaque matin entendre la messe à Souday (2). En revenant du village, il passait par son moulin de Taillefer et quelquefois se rendait dans le bois de Montjoli.

Un jour ou deux avant la fête, Saint-Berthevin avait commencé sa journée selon son habitude. Grand-Jehan, averti par Renée de Vendômois, était également à l'église avec le maintien humilié qui convient à tout bon mendiant. Après la messe terminée, le seigneur de Souday reprit le chemin de sa demeure sans autrement se soucier du pauvre hère qu'il avait entrevu pendant l'office. Celui-ci ne perdit pas sa trace ; il le suivit et pressa le pas pour le rejoindre avant le moulin de Taillefer (3).

— Mon bon seigneur, gémit-il d'une voix pitoyable quand il crut le moment opportun, faites-moi l'aumône pour l'amour de Dieu !

Les mendiants ne sont pas rares de nos jours. Ils pullulaient aux XIVᵉ et XVᵉ siècle, s'il faut en croire Eustache Deschamps (4).

> Truans coquins qui par feintise
> Faingent maulx en mainte guise
> En ces moustiers et font telle presse
> Qu'à peine y puet l'en oïr messe.

(1) En 1498, René de Mesenge, écuyer, seigneur de La Bussonnière et de Saint-Paul-le-Gautier, était en procès au Parlement contre André Aubry, également écuyer, seigneur de Radray et de Villetremasse. Leur contestation avait commencé le 15 novembre 1497, alors que le seigneur de Radray se trouvait « en ses vignes, où *il disait ses heures avec sa femme et une sienne fille* ». Arch. nat. JJ 229, fol. 25 verso, nº 49 ; X/2ᵃ 62. Reg. non paginé, aux dates des 30 janvier et 13 février 1497 (v. s.).

(2) Pièces just., nº IV.

(3) *Chronique de Souday. Revue du Maine*, t. XVI, p. 86.

(4) Eustache des Champs, dit Morel, poëte français né vers 1320 et mort au commencement du XVᵉ siècle.

Saint-Berthevin ne fut pas étonné de la rencontre ; il s'arrêta. La vue du pauvre loqueteux l'émut et il mit aussitôt la main à son escarcelle pour en retirer quelque monnaie.

La charité est souvent mal récompensée ; cette fois elle fut fatale au seigneur de Souday.

Grand-Jehan rejeta rapidement son manteau sur son épaule et d'une main sûre armée d'un long couteau il frappa sa victime par le côté. Celle-ci poussa un grand cri et tomba lourdement (1).

Renée de Vendômois était veuve (2).

(1) Pièces just., n° IV. — D'après l'opinion de quelques-uns, le meurtre aurait eu lieu entre le moulin de Taillefer et le manoir de la Cour sur le chemin de Glatigny, alors que Jean de Saint-Berthevin se rendait à son bois de Montjoli. — Cette opinion ne peut cadrer avec les pièces du procès. Le seigneur de Souday « *estoit coustumier d'oir la messe tous les jours* », et c'est en revenant de la messe qu'il fut tué sur le chemin de Souday à la Cour, très probablement à l'endroit où le sentier bifurque pour aller d'un côté à la Cour et de l'autre au moulin de Taillefer. Un petit champ appelé *le champ de la Croix* me semble le lieu précis de l'événement.

(2) Le pays de Souday est fécond en événements tragiques. — Le jour de la fête Sainte-Croix, septembre 1395, Jean Oudon, laboureur, père de six petits enfants, de la paroisse de Souday, se rendit « au lieu appellé *molin foulerez* en ladite paroisse, environ troys heures après midÿ, en l'hostel d'un appellé Jehannin Le Moine, ouquel lieu ledit Oudon » se mit à boire « avec Estienne Beauchamp, Martin Regnault et ledit Jehannin Le Moine ». Oudon entre en discussion avec Beauchamp au sujet d'une somme de cinq sous. Beauchamp prend son couteau pour frapper son contradicteur. Celui-ci riposte avec « une petite enclume à faucheur » dont il « donne au dit Beauchamp deux ou trois cops sur le col, de laquele bateure, IX jours après ou environ il alla de vie à trespassement ». Arch. nat, JJ. 152, fol. 74, verso n° 130. — Le 1ᵉʳ janvier 1498 (v. s.), Jean de Launay, qui se rendait de Lavarré à Boisvinet, tua d'un coup d'arbalète Guillaume Bordeau, compagnon de route de Jean des Loges, écuyer. Arch. nat. JJ. 230, fol. 200, n° 424. — En 1545, René Bellanger, sieur de Planche-Hubert, tue Jacques de Marescot, non loin de la Cour de Souday, dans le pré de Taillefer surnommé depuis le pré de Malheur. *Chronique de Souday*. *Revue du Maine*, t. XVI, p. 92. — En 1611, assassinat de Jacques de Vendômois par Anne de Voré à l'étang de Boisvinet. Abbé Chambois, *Une vendetta percheronne en 1611*. — Il y a quelques années, un garçon de ferme de douze ans tua un enfant de cinq ans au-dessus du chemin de la Cour à Souday, en face du champ de la Croix. — C'est encore dans cette région, à une petite distance du Couëtron, tout près de la Braye, le long de

Quand on releva le corps du malheureux baignant dans une flaque de sang, le meurtrier était déjà loin et jamais depuis ne put être retrouvé.

Renée fut aussitôt avisée du terrible événement ; au lieu « d'estre desplaisante et doulente, n'en fit apparence de deuil et n'en ploura oncques, quoy qu'il en soit, n'en fit pas grant compte » (1). Volontiers, elle eût parodié les paroles du saint homme Job : Dieu me l'avait donné, Dieu me l'a ôté ! Que son saint nom soit béni !

Le corps de Jean de Saint-Berthevin fut inhumé dans l'église de Souday (2), devant l'autel des Innocents, à côté de celui de Raoulet de La Tour, seigneur de Glatigny (3), dont la fille, Catherine, devait épouser Guillaume, fils aîné de la victime et de Jeanne de Tucé.

La coupable assista aux obsèques de son mari en habit de veuve et sans l'ombre d'un remords. Bien plus, dès qu'elle fut rentrée au manoir de la Cour, elle fit main basse sur l'or, l'argent, les joyaux et les bagues du défunt, au détriment des enfants du premier lit (4).

La passion avait accompli son œuvre ; le temps de la justice était venu.

V

FUITE DE GUILLAUME DU PLESSIS. — RENÉE DE VENDOMOIS PRISONNIÈRE A MONDOUBLEAU. — UN JUGE PRÉVARICATEUR. — MARIAGE DE GUILLAUME DU PLESSIS.

Le bruit du meurtre de Jean de Saint-Berthevin ne tarda

---

la route de Baillou à la Cour, non loin du village de La Caboche en Valennes, qu'a eu lieu l'hiver dernier le crime commis sur deux octogénaires, les époux Jauneau, par Émonet et la veuve Chaillou, crime qui occupe en ce moment le public. Note de M. l'abbé Desvignes, doyen de Montmirail.

(1) Pièces just., n° IV.
(2) Pièces just., n° IV.
(3) *Chroniques de Souday. Revue du Maine*, t. XVI, p. 88.
(4) Pièces just., n° IV.

pas à se répandre non seulement dans les environs de Souday, mais par toute la province du Maine où il causa une émotion considérable.

Guillaume du Plessis fut effrayé ; la rumeur publique le désignait comme l'auteur du crime et le complice de Renée de Vendômois. Il écrivit aussitôt une lettre à celle-ci pour lui recommander de bien veiller sur ses paroles et de ne laisser échapper aucun aveu en cas d'interrogatoire.

— Soyez « ferme du babin » lui disait-il, ne vous « couppez point » et vous n'aurez « jamais mal » (1).

Après cet avis, il se hâta de gagner Saint-Mâlo, qui était une ville de franchise, abandonnant lâchement la misérable veuve.

Par malheur pour Renée, un criminel ne pouvait jouir du privilège de l'immunité à Saint-Malo qu'autant qu'il faisait préalablement sa confession par écrit sans céler le plus petit détail. Au cas où l'on constatait la moindre omission, il était aussitôt pendu haut et court, sans autre forme de procès.

Guillaume du Plessis n'avait pas quitté son pays pour faire connaissance avec le gibet « de Sainct-Malo de l'isle sur la mer ». Il entendait éviter la corde. Il avoua donc tout, sa culpabilité, la complicité de Renée et les circonstances, soit atténuantes soit aggravantes du meurtre.

Marguerite de Saint - Berthevin (2) et Ambroise de Mareuil (3), bails des enfants mineurs du défunt seigneur de Souday, ayant eu connaissance de ces aveux, firent intervenir la justice. L'information conduite par les officiers de Mondoubleau amena l'arrestation de Renée de Vendômois.

Le châtelain de Mondoubleau, pour le comte de Vendôme,

(1) Pièces just., n° IV.
(2) Marguerite de Saint-Berthevin, dame de Villenoble, était fille de Jean de Saint-Berthevin et de Jeanne de Courtarvel et sœur du côté paternel de Jean de Saint-Berthevin, qui lui même était fils de Jean de Saint-Berthevin et de Jacquette de Vassé, sa seconde femme.
(3) Ambroise de Mareuil était le mari de Roberde de Saint-Berthevin, sœur de père et de mère de l'assassiné.

était alors Jean de Courcillon, ancien procureur de La Ferté-Bernard (1). Chargé de l'administration des biens du défunt seigneur de Souday, il détourna pour lui et au profit de la prisonnière des sommes importantes, s'il faut en croire certain témoignage qu'il est difficile de révoquer en doute. Bien plus, ayant la direction du procès de Renée, il favorisa la coupable d'une manière scandaleuse, à tel point qu'il fut accusé d'avoir entretenu avec elle des relations criminelles (2). Une pareille conduite du juge prévaricateur ne devait pas rester impunie. Jean de Courcillon fut appréhendé au corps et conduit dans les prisons de la Conciergerie à Paris. Dans sa défense, il prétendit qu'un des coffres aux trésors de Jean de Saint-Berthevin qu'il avait eu en garde, lui avait été soustrait dans sa propre maison à La Ferté-Bernard par

(1) Le 20 mai 1476, Charles d'Anjou, seigneur de La Ferté-Bernard, mande à son bien aimé Jean de Courcillon, son procureur, de s'informer « de ceulx qui... sont tenuz en... chevaulx de service, tailles et gardes » dans la « seigneurie de La Ferté... ». Bibl. nat. mss. *Pièces originales*, t. 884, *Courcillon* 19916, n° 12. — L'*Histoire de La Ferté-Bernard*, par MM. Léopold et Robert Charles, p. 248, cite Jean de Courcillon comme procureur de La Ferté en 1482.

(2) 1485, 15 septembre. « Karolus, etc. Pro parte Magarete de Saint-Berthevin et Ambrosii de Mareuil... fuit humiliter expositum quod, post homicidium Johannis de Saint-Berthevin per Renatam Vendomoise.... Johannes de Courcillon, castellanum loci seu castellanie de Montdoubleau se dicens, certam magnam quantitatem bonorum predicti defuncti decem millium librarum turonensium et amplius... ceperat et de hujusmodi bonis inventarium se velle facere fingens ex illis certam magnam quantitatem absque ullum inventarium faciendo furatus fuerat... scientes quod predictus Johannes de Courcillon... recelaverat pro duabus mille libris et amplius... ac eciam alia bona habebat que sibi, per antedictam *Renatam Vendomoise tradita fuerant, cujus ipse Johannes de Courcillon, suus familiaris valde fuerat, cumque ea magnas cogniciones et affinitates proximas habuerat*, et illam ne de supradicto homicidio per eam perpetrato veritate fateretur valde induxerat et diverterat ac plures magnos defectus fecerat, pendente tempore quo dicta Renata Vendomoise incarcerata extabat in carceribus de Montdoubleau, de quibus, idem de Courcillon onus habebat... ». Le dit Jean de Courcillon devra être arrêté « extra loca sacra » et conduit dans les prisons de la Conciergerie du Palais. Arch. nat. X/2ª 45. Reg. non paginé.

le seigneur du lieu (1). En 1486, son procès n'était pas encore terminé. Le 4 septembre de la même année, le Parlement ordonna son élargissement jusqu'au lendemain de la fête de Saint-André (2), c'est-à-dire jusqu'au premier décembre.

Guillaume du Plessis avait appris la détention de Renée à Mondoubleau. Il lui adressa une nouvelle lettre « en jargon », pour l'engager à ne rien confesser. C'était la dernière marque d'intérêt qu'il témoignait à la malheureuse femme. Ensuite, ne pensant plus qu'à lui-même, il mit en œuvre les influences dont il pouvait disposer à la cour pour solliciter son absolution. Le jeune roi Charles VIII était à Chartres, après la tenue des États-généraux de Tours et avant son sacre qui devait avoir lieu à Reims le 30 mai 1484. Trompé par un exposé fantaisiste des circonstances qui avaient amené la mort du seigneur de Souday, le monarque — ou pour mieux dire Anne de Beaujeu sous le nom de son frère — accorda à Guillaume des lettres de rémission, datées du Ven-

(1) 1485 (v. s.) 11 janvier. « Entre Jehan, de Courcillon, castellain de Mondoubleau, demandeur, » et « Marguerite de Saint-Berthevin et Ambrois de Mareul... défendeurs. — Il sera dit que la court (de Parlement) a élargy ledit de Courcillon partout jusques au VIIIe jour de mars prouchain venant, en elisant domicille... et promectant au dit jour d'apporter son compte en forme de l'administration qu'il a eue des biens demourez du décès de feu Jehan de Saint-Berthevin, dedans lequel jour les parties pourront informer..., c'est assavoir, les dits défenseurs des biens qu'ils prétendent estre recelez, demourez par le dit décès et aussi de la valeur des dits biens,... et le dit demandeur au contraire de la valeur et extimacion d'iceulx biens, et aussi sur *le ravissement et transport de certain coffre et biens estans en icelluy demourez par ledit décès et qu'il dit avoir esté prins, ravis et emportez de sa maison estant à La Ferté-Bernard, par Morice de Guemené, Loys soy disant, seigneur de la dite Ferté-Bernard.* Arch. nat. X/2ª 51. Reg. non paginé.

(2) Arch. nat. X/2ª 51. Reg. non paginé, à la date du 4 septembre 1486. — Louis de Courcillon succéda à Jean, comme châtelain de Mondoubleau. Le 2 décembre 1491, il apparaît dans une affaire au sujet du guet au dit Mondoubleau avec Louis de La Vove, capitaine dudit lieu, et plusieurs sergents du comte de Vendôme, contre les habitants des paroisses de Saint-Agil, Baillou, Saint-Cyr de Sargé et de La Bare? Arch. nat. X/2ª 60. Reg. non paginé.

dredi Saint 1484 (n. s.), en considération de ses bons services rendus à Louis XI dans la conquête de l'Artois et de la Bourgogne et surtout « en l'onneur et révérance de la Passion du benoist Sauveur ». S'il fallait admettre le récit du meurtre tel qu'il est narré dans ce document, Jean de Saint-Berthevin n'aurait été traité que selon ses mérites et encore n'aurait-il trouvé la mort que par sa propre faute (1).

Malgré cette grâce, qui d'ailleurs ne fut pas enterinée, Guillaume du Plessis, pour échapper aux poursuites de la justice, se refugia en Bourgogne sur les confins de La Franche-Comté « en pays contraire à la France. » Avait-il, lors de la réduction de la Bourgogne par Louis XI, noué des relations avec certaines familles nobles de la contrée ? Je l'ignore. Toujours est-il qu'il épousa, par contrat passé le 20 novembre 1484, devant Jean Picquenet, notaire au comté de Bourgogne, demoiselle Catherine de Ray, fille de Guillaume de Ray, chevalier, seigneur de Beaujeux, Pressigny, Autoreille, La Ferté-sur-Amance (2), et de feue noble et puissante dame Catherine de Vergy (3).

Du coup, le meurtrier de Jean de Saint-Berthevin entrait dans une des meilleures familles bourguignonnes.

La maison de Ray faisait remonter son origine jusqu'au XIIe siècle et s'enorgueillissait particulièrement d'un de ses membres, Othon, duc d'Athènes et de Thèbes, qui avait pris part à la croisade de 1202 et qui est cité avec éloges par Villehardouin. Un sire de Ray, Othon peut-être, rapporta de Palestine un morceau de la Vraie-Croix. En 1477, lors de

(1) Pièces just., no I.
(2) Terres situées aujourd'hui dans les départements de la Haute-Saône et de la Haute-Marne.
(3) Bibl. nat. *Collection Chérin*, t. 158, *du Plessis-Chastillon* 3207. — « Et pour éviter la prinse de sa personne et qu'il (Guillaume du Plessis) ne fut pugny s'en alla en *Bourgoigne, en pays lors contraire, ouquel lieu il se maria* ». Voir, Pièces justificatives, no VIII ; document du 21 mai 1505, provenant des archives du château de Glatigny et communiqué par M. l'abbé Chambois.

la prise de la ville de Ray par les troupes de Louis XI, on retrouva cette insigne relique (1).

Guillaume de Ray, le nouveau beau-père de Guillaume du Plessis, fonda la branche des seigneurs de Beaujeux, tandis que son frère Antoine, chambellan du duc de Bourgogne, mari de Jeanne de Vienne, continuait les aînés. Il assista le 6 septembre 1452 à la ratification du traité conclu entre Philippe-le-Bon et les habitants de Besançon et fit hommage en 1473, de la seigneurie de Beaujeux à Charles de Neufchâtel, archevêque de Besançon (2).

Quant à Catherine de Vergy, femme de Guillaume de Ray et veuve en premières noces de Thibaud, bâtard de Neufchâtel, elle était d'une naissance plus illustre encore. Fille de Pierre de Vergy, chevalier, seigneur de Champuant, et d'Alix de Rougemont sa seconde femme, elle comptait parmi ses ancêtres des hommes qui se signalèrent depuis le XIIe siècle pendant la paix, aux armées et dans l'église (3).

Renée de Vendômois était bien oubliée. Non plus criminelle que Guillaume du Plessis, elle allait parcourir seule les étapes de l'expiation.

(1) 1477, 29 mai. « Gauthier du Mont-Saint-Ligier, escuyer, châtelain de Ray, » et « messire Guillaume Charrotines, doyen et chanoine de l'église dudit Ray », certifient que « la Vraye-Croix, qui a été trouvée en la ville et chastel dudit Ray, à la prise d'iceulx faite par les gens du roy (Louis XI), mercredy passé, vingt-septième jour du dit mois de may », appartient « au seigneur dudit lieu, et que, passé a deux cents ans, par luy dit seigneur dudit Ray avoit esté acquise et conquestée outre-mer, et par luy pourtée ou envoyée au dit Ray ». Louis de La Trémoille. *Archives d'un serviteur de Louis XI*. Nantes, Grimaud, 1888, pp. 123, 124.

(2) Sur la famille de Ray, voir : Bibl. nat. f. fr., 20259, fol. 65 ; Moréri, *Dictionnaire historique*, t. IX, pp. 84 et suivantes, et surtout l'abbé Guillaume, *Histoire généalogique des sires de Salins*, Besançon, 1757, t. I, pp. 70-82.

(3) Voir : Bibl. nat. mss. *Pièces originales*, t. 2968, *Vergy* 65921 ; *Arbre généalogique*. Père Anselme, t. VII, pp. 31 et suivantes. Moréri, t. X, pp. 539 et suivantes.

VI

RENÉE DE VENDOMOIS A LA CONCIERGERIE ET AU CHATELET DE PARIS. — MISE A LA QUESTION ELLE EST CONDAMNÉE A ÊTRE TRAINÉE ET BRULÉE.

Après une année d'enquêtes, de procédures et d'autres actes accoutumés en justice, la cause de Renée de Vendômois vint au Parlement de Paris sur la demande de Marguerite de Saint-Berthevin et d'Ambroise de Mareuil. Ce fut pour la veuve du seigneur de Souday un changement de prison. Les chartres de la Conciergerie du palais valaient probablement celles de Mondoubleau.

Cependant, dans les premiers temps, elle y bénéficia de quelques circonstances particulières qui adoucirent son sort.

A l'époque de l'arrivée de Renée à Paris, c'est-à-dire au commencement de l'année 1485, les prisons de la Conciergerie, en dehors de la grosse tour et de la tour criminelle, ne répondaient plus à leur destination, à cause des allées et venues continuelles qui s'y produisaient et qui pouvaient faciliter l'évasion des détenus. Jean Demons, maître des œuvres du roi, eut mission de visiter la tour de la question et d'aviser au moyen d'y créer des chambres aptes à recevoir « gens d'auctorité » et « autres chargés de grans crimes (1) ». Dans l'impossibilité où l'on se trouvait de sur-

(1) 1484 (v. s.), 12 mars. « Me Jehan Demons, maistre des œuvres du roy », chargé de visiter « la tour de la question » à la Conciergerie du palais à Paris, afin d'y faire des réparations « pour obvier aux inconvéniens que chacun jour pevent advenir, à l'occasion de ce que en les prisons de la Consiergerie de ce palais n'a lieu seur, fors la grosse tour et la tour criminelle, esquelles n'a aucun lieu honneste pour mectre gens d'auctorité ne autres chargez de grans crimes, pour ce que en chacune chambre continuellement y en a grant nombre appelant des séneschaux, bailliz et autres officiers de ce royaume, par quoy à peine peut l'en faire les procès sans grande communicacion d'alens et venans es dites tours, tant pour les aumosnes qui si distribuent chacun jour que autrement, et que en la tour

— 28 —

veiller tous les prévenus, on confia à des particuliers la garde de plusieurs d'entre eux (1). La cour ordonna le 29 janvier 1485 (n. s.), que Renée serait logée dans la maison et sous la responsabilité de Jean Bachelier, huissier au Parlement, à la condition d'y tenir bonne et loyale prison (2).

Les frais de procédure et de nourriture étaient, selon la coutume, supportés par l'accusée. Dès le 5 février 1485 (n. s.), la cour de Parlement voulut qu'on prélevât à cet effet cent livres parisis sur ses biens (3).

Le 2 mai, Renée de Vendômois fut envoyée devant le Prévôt de Paris, après examen du procès fait par les officiers de Mondoubleau et de Vibraye (4). A son départ de la

---

de la question y auroit lieu convenable... ». Arch. nat. X/2ᵃ 48. Reg. non paginé.

(1) Quelquefois ces sortes d'élargissements étaient accordés, après visite d'un médecin, à un prisonnier malade qui avait besoin de soins particuliers. Voir, X/2ᵃ 48. Reg. non paginé, à la date du 18 août 1485, l'élargissement d'un prisonnier de la Conciergerie sur le rapport de « maistre Jacques de Bruges, docteur en médecine », et X/2ᵃ 51, Reg. non paginé, à la date du 31 juillet 1486, l'élargissement de Jacques de Saint-Lubin, écuyer, malade, « en son hostellerie en ceste ville de Paris, à l'enseigne des Cannettes, rue de la Mortellerie ».

(2) 1484 (v. s.), 29 janvier. La cour de Parlement ordonne « commission, estre baillée à Renée de Vendômois pour faire commandement aus bailliz de Montdoubleau et Vibraye... qu'ilz apportent ou envoyent devers ladite court les procès, confessions, enquestes, procédures... par eulx faiz touchant » le meurtre de Jean de Saint-Berthevin, et que « la dite damoiselle (Renée) sera mise en garde en la maison de Jehan Bachelier, huissier en la dite court, laquelle maison elle promectra tenir pour bonne et loyale prison... et au dit huissier sera enjoinct de tellement seurement garder la dite damoiselle que aucun inconvenient n'en advienne ». Arch. nat. X/2ᵃ 48. Reg non paginé.

(3) 1484 (v. s.), 5 février. La cour de Parlement ordonne « la somme de cent livres parisis estre prise sur les biens de Renée de Vendosmoys damoiselle, prisonnière en la Consiergerie du palais à Paris, estans en main de justice, et baillée à ladite de Vendosmoys *pour son vivre et conduicte de son dit procès*, et ad ce faire seront contraincts les commissaires qui ont garde de ses dits biens... » Arch. nat. X/2ᵃ 48. Reg. non paginé. Même ordonnance en latin sous la même date, dans X/2ᵃ 45. Reg. non paginé.

(4) 1485, 2 mai. « Vu par la cour le procès fait par les officiers de Mondoubleau et de Vibraye contre damoiselle Regnée de Vendosmois,

Conciergerie, le geôlier, Gillet de Laval, réclama la somme de 26 livres 13 sous 9 deniers tournois pour « ses despences, gittes, et géolaiges (1) ».

La charge de prévôt de Paris était considérable et les rois ne la confiaient qu'à des personnes d'un rang et d'un mérite très distingués. Aucun seigneur ne croyait ce poste au-dessous de lui. Aussi voit-on dans la liste des prévôts de Paris des membres des maisons d'Hangest, de Coucy, de Crèvecœur, de Clamecy, de Loré, d'Estouteville, de L'Isle-Adam, de Coligny, d'Alègres, d'Estampes et de plusieurs autres familles de premier rang. Ces personnages étaient chambellans et avaient une compagnie de cent hommes d'armes pour être en état de pourvoir au bien public et d'exécuter les ordres qu'ils recevaient de la cour. Primitivement, il leur était défendu d'avoir des lieutenants si ce n'est en cas de maladie ou d'autres empêchements légitimes. Ce fut une des dispositions précises des ordonnances de Philippe-le-Bel, du mois de mars 1302, et de Charles VI, du 28 octobre 1394.

Pendant le XIVᵉ et le XVᵉ siècle, les malfaiteurs abondaient en France. Charles VI choisit le prévôt de Paris pour faire leur procès dans toute l'étendue du royaume. La commission

veuve de Jehan de Saint-Berthevin, prisonnière ès prisons de la Consiergerie du palais, au moyen de certaines appellations des dits officiers par Marguerite de Saint-Berthevin et Ambroys de Marueil, escuier, tuteur et curateur de Katherine de Saint-Berthevin et Guillaume de Saint-Berthevin, enfans mineurs d'ans dudit Jehan de Saint-Berthevin et de feue Jehanne de Tussé, sa première femme, avec charges et informations des parties ; oy le procureur du roy, la court met l'appel à néant sans amende, dépens reservés, et *renvoie les parties devant le prévost de Paris ou son lieutenant criminel pour parfaire le procès de ladite de Vendosmois* ainsi que de raison ». Arch. nat. X/2ᵃ 48.

(1) 1485, 21 mai. « Oy par la court Gillet de Laval, geollier de la Conciergerie, sur ce qu'il a dit que la damoiselle Renée de Vendosmoys, naguères prisonnière en la dite Consiergerie, luy doit pour ses despence, gittes et géolaiges, la somme de XXXVI livres XIII sols IX deniers tournois, » la cour ordonne que la somme réclamée par Gillet de Laval lui sera allouée et prise sur les biens de ladite Rénée. Arch. nat. X/2ᵃ 48. Même document en latin avec la même date dans X/2ᵃ 45.

générale lui en fut expédiée une première fois par lettres-patentes du 20 mai 1389 et une seconde par d'autres lettres du 21 juin 1401.

Quand les Anglais furent chassés de la capitale en 1436, Charles VII donna à Ambroise de Loré la charge de prévôt par lettres qui l'établissaient « juge et reformateur-général sur les malfaiteurs du royaume ». Cette commission fut renouvelée à son gendre, Robert d'Estouteville, le 6 octobre 1447 (1).

En 1485, au moment où Renée de Vendômois quittait les prisons de la Conciergerie pour celles du Châtelet, le prévôt, ou pour employer le style de l'époque, le « garde de la prévosté », n'était autre que le petit-fils d'Ambroise de Loré, noble messire Jacques d'Estouteville, chevalier, seigneur de Beyne, baron d'Ivry et de Saint-Andry-en-la-Marche, conseiller et chambellan du roi. S'il faut ajouter foi au dire de Delamare, il « n'avoit aucun degrez d'estude ». La science du droit n'était point encore nécessaire pour remplir les charges de judicature ; il suffisait d'avoir beaucoup de probité, du bon sens et une parfaite connaissance des coutumes et des usages de la province (2).

La probité et le bon sens de monseigneur le Prévôt étaient probablement choses assez indifférentes à Renée de Vendômois. Elle eut préféré rencontrer chez ce personnage et chez son lieutenant criminel un peu de la pitié qui naît naturellement à la vue des souffrances d'autrui. Par malheur pour elle, ses juges étaient de leur époque. Familiarisés avec toutes les horreurs de la question et des supplices, pouvant contempler avec un sang-froid et un calme imperturbables ceux qui se tordaient dans d'épouvantables convulsions ou qui se pâmaient vaincus par la douleur, ils se promettaient bien d'arracher à la

---

(1) Dalamare. *Traité de Police*. Paris, 1705-1738, t. I, pp. 106 et 107.
(2) Delamare, *Traité de police*, t. I, p. 107.

malheureuse femme qu'on leur livrait les aveux dont avait besoin la justice.

Renée ne confessait pas facilement son crime. On résolut de prendre le moyen ordinaire pour le lui faire avouer.

La question, d'une origine très ancienne, était certainement une des plus terribles institutions que l'esprit humain ait jamais su trouver. « C'est une invention sûre, disait La Bruyère, pour perdre un innocent qui a la complexion faible et sauver un coupable qui est né robuste ». Ceux qui la pouvaient supporter et ceux qui n'avaient pas assez de force pour la soutenir mentaient également.

Le saint roi Louis IX, l'homme au cœur droit, prit tous les moyens possibles pour atténuer l'horrible brutalité de cette coutume.

Il y avait deux sortes de questions, l'une définitive et l'autre nommée purgative et préparatoire. La manière d'appliquer la question variait suivant les lieux et les usages. A Paris, elle se donnait généralement à l'eau ou aux brodequins.

La question de l'eau ordinaire avec extension se donnait sur un petit tréteau, au moyen de quatre coquemars (bouilloires) remplis de liquide. Un homme tenait la tête de l'accusé, qui était solidement lié et à qui on avait mis une corne dans la bouche afin qu'elle demeurât ouverte. Le questionnaire prenait le nez du malheureux prévenu et le lui serrait en le lâchant de temps en temps pour lui laisser la liberté de la respiration. Il tenait le premier coquemar haut et en versait lentement le contenu dans la bouche du patient. Après le quatrième coquemar, on passait souvent à la question extraordinaire sur le grand tréteau en ajoutant quatre nouveaux coquemars.

Aux brodequins, l'accusé était assis sur une sellette. On lui enfermait les jambes entre quatre planches de bois de chêne dépassant le haut du genou, deux planches pour chaque jambe.

Ces quatre planches étaient percées de quatre trous chacune, dans lesquels étaient passées de longues cordes que le questionnaire serrait fortement. Ensuite, il enroulait les cordes autour des planches pour les maintenir plus étroitement, et, avec un maillet, il poussait à force sept coins de bois, l'un après l'autre, entre les planches à l'endroit des genoux, et un huitième aux chevilles en dedans.

C'est maintenant qu'il faut admirer la tendre sollicitude des généreux dispensateurs de la question. Le misérable n'en peut mais ; ses membres, brisés par les brodequins, la pelote (1) ou par un autre supplice également diabolique, lui refusent tout service. Encore un peu et il va rendre l'âme. Les médecins, les chirurgiens et les barbiers jurés s'approchent alors et constatent son état lamentable. Aussitôt, on le place sur un matelas auprès d'un bon feu et on lui fait prendre un cordial réparateur pour le disposer à une deuxième épreuve (2).

Quelquefois même la maladie d'un prisonnier n'était pas un motif suffisant pour qu'on l'exemptât de la question (3).

En présence de juges doués d'une si prodigieuse insensibilité, de ces successeurs d'Étienne Boyleau, prévôt de Paris sous le règne de saint Louis, qui faisait pendre son filleul convaincu de vols, Renée ne pouvait espérer le plus petit adoucissement à la loi commune. Ni sa jeunesse, ni sa beauté

---

(1) La question de la pelote était peut-être celle que l'on donnait en garrottant le patient avec des cordes serrées jusqu'à les faire pénétrer dans les chairs. — Le 13 janvier 1390, un nommé Fleurent de Saint-Leu subit la question de la pelote. Voir, *Registre criminel du Châtelet de Paris*, 1389-1392, publié par Duplès-Agier. Paris, Lahure, t. I, p. 208.

(2) Voir, *Registre criminel du Châtelet de Paris*, 1389-1392, t. I, pp. 197, 208, 212 ; t. II, p. 203.

(3) Le 31 juillet 1486, la cour de Parlement ordonna que Guillaume de Rieux, prisonnier à la Conciergerie, serait visité en la présence de maître Robert de Guetville, conseiller du roi en la dite cour, par les médecins, chirurgiens et barbiers pour avoir leur avis sur la torture « la plus légère et la moins dommageable à la personne dudit Rieux. » Arch. nat. X/2ª 51. Reg. non paginé.

n'eurent la moindre action sur ces hommes de fer. Elle fut mise plusieurs fois à la torture, probablement aux brodequins. Pendant que les coins de bois, frappés par le maillet du questionnaire, lui meurtrissaient les jambes et faisaient craquer ses os au milieu de souffrances inouïes, un impassible greffier se tenait à son bureau, prêt à enregistrer des phrases faites de cris de douleur et d'aveux. Enfin, la complice de Guillaume du Plessis sortit de cette épreuve, mais tellement « gehainnée » et si inhumainement traitée qu'elle en resta infirme et impotente (1).

La dame de Souday ne voulut pas entendre la lecture de son procès par le lieutenant criminel, assisté des officiers du roi au Châtelet. Elle en appela au Parlement et fut conduite de nouveau dans les cachots de la Conciergerie. La cour suprême soumit la prisonnière à la visite des médecin, chirurgien et barbier jurés, afin de savoir si, dans l'application qui lui avait été faite de la question, on n'avait pas dépassé les limites permises. Sur leur rapport, son appellation fut mise à néant et la malheureuse renvoyée au Châtelet devant ceux qui l'avaient torturée (2).

Il ne fallait plus songer à éviter une sentence définitive. La veuve de Jean de Saint-Berthevin s'entendit condamner « à estre traynée et arse au marché aux pourceaux » de Paris

(1) « Renata, valde inhumaniter tractata, questionata seu torturata fuerat taliter quam ab omni suo tempore impotens extabat ». Arch. nat. X/2ᵃ 45. Reg. non paginé, à la date du 22 mars 1485 (v. s.). — *Pièces justificatives*, nᵒˢ II et IV.

(2) 1485, 23 novembre. « Veu par la court (de Parlement) le procès fait par le prévost de Paris ou son lieutenant criminel à l'encontre de Regnée de Vendosmoys, prisonnière en la Conciergerie du palais à Paris, appellant dudit prévost ou de son dit lieutenant, *veu aussi le rapport des médecin, cirurgien et barbier jurez de ladite court de la visitation par eulx faicte de la dicte de Vendosmoys*, par ordonnance d'icelle court, oye ladite apppellacion sur sa cause d'appel, et tout considéré : Il sera dit que la court a mis et mect ladite appellacion au néant, sans amende et pour cause, et néantmois, icelle court à renvoyé et renvoye la dite Regnée de Vendosmoys par devant le dit prévost de Paris ou son dit lieutenant... ». Arch. nat. X/2ᵃ 51. Reg. non paginé.

3

et à fonder un obit solennel pour le repos de l'âme de sa victime. L'arrêt portait aussi confiscation de ses biens (1). Cette dernière clause n'eut probablement pas le don d'émouvoir outre mesure la misérable qui avait la claie et le bûcher en perspective. Le roi et les juges pouvaient se partager ses inutiles richesses au détriment de son jeune fils, bien innocent pourtant du crime de sa mère.

VII

CHARLES VIII FAIT GRACE DE LA VIE A RENÉE DE VENDOMOIS. — LE PARLEMENT CONDAMNE CELLE-CI A LA RÉCLUSION PERPÉTUELLE DANS LE CIMETIÈRE DES SAINTS-INNOCENTS A PARIS.

Deux longues années s'étaient écoulées depuis l'assassinat de Jean de Saint-Berthevin ; depuis deux ans le sang du seigneur de Souday criait vengeance. Ces deux années, Renée de Vendômois les avait passées dans les prisons de Mondoubleau, de la Conciergerie et du Châtelet, tandis que son complice, narguant la boiteuse justice humaine, jouissait de la liberté et oubliait à son nouveau foyer celle qui s'était perdue pour lui. Brisée par la question, condamnée au bûcher, tout accablait l'adultère.

Cependant, elle voulait espérer encore. A vingt-deux ans, on ne dit pas aisément adieu à l'existence, à ses joies, à ses rêves. Mourir au printemps de la vie, étouffée par la fumée et dévorée par les flammes après avoir été traînée sur une claie à travers les rues de la grande ville !... C'était impossible.

Le Parlement, à qui elle en avait de nouveau appelé, serait peut-être cette fois accessible à la pitié ! Et puis ses parents

(1) Pièces just., nos IV et V.

intercédaient pour elle. Un puissant personnage, l'arrière-petit-fils de Charles V et de Jeanne de Bourbon, le duc d'Orléans lui-même, implorait la clémence royale !

Elle reverrait donc sa chère province du Perche, ce pays d'un aspect si riant et si pittoresque avec ses riches vallées et ses prairies bordées de halliers et de rideaux d'arbres. Elle y recommencerait, comme autrefois, ses libres promenades sous le clair soleil, dans l'air vivifiant. Là, elle s'efforcerait d'oublier le terrible passé, les cachots où la douce lumière du jour n'entre qu'à regret, ses juges au visage impitoyable, la chambre de la question où elle avait tant souffert, la face du questionnaire accomplissant son inhumaine besogne avec l'indifférence de la brute sans entrailles ! Le spectre livide de Saint-Berthevin avec sa plaie béante qu'elle voyait toujours pendant ses longues insomnies finirait bien aussi par ne plus hanter son imagination. Ce fantôme était son seul compagnon de cachot. Il devait disparaître comme le cadavre d'un noyé qui, après avoir tournoyé quelque temps dans un remous, s'enfonce lentement dans les profondeurs de l'abîme !

Illusions ! L'acharnement des parents du défunt seigneur de Souday et la pitié des juges lui préparaient, à défaut d'un bûcher, une prison peut-être plus affreuse que la mort ! La liberté ne devait pas effacer de son esprit l'image sanglante de son mari. Elle avait rompu violemment le lien matrimonial, on allait l'enchaîner au milieu des tombeaux.

Le 21 février 1486, Charles VIII écrivit de Paris à ses conseillers tenant la cour de Parlement.

« Nos amés et féaux, notre très cher et très aimé frère et cousin le duc d'Orléans nous a supplié à différentes reprises de vouloir bien pardonner à Renée de Vendômois, prisonnière à la Conciergerie de notre palais, le meurtre de son feu mari, l'écuyer Jean de Saint-Berthevin. Nous désirons que justice soit satisfaite, mais, pour complaire à notre dit frère et cousin, nous voulons que la dite Renée ait la vie sauve. Si, par son procès, vous trouvez qu'elle a mérité la mort, nous vous mandons bien expressément de lui commuer cette peine en une autre que vous jugerez convenable, car tel est notre plaisir (1). » En même temps, le roi accordait des lettres de rémission à la protégée du duc d'Orléans (2).

Le Parlement s'empressa d'obéir au souverain. Le 28 février et le 2 mars, la cour, présidée par Jean de La Vacquerie, entendit les plaidoyers des avocats Gannay pour la dame de Souday et Michon pour le comte de Vendôme et les enfants de Jean de Saint-Berthevin (3) Suffisamment éclairée, le lundi 20 mars 1486, elle rejeta l'appel de Renée ; mais tenant compte des lettres de rémission, elle fit grâce de la vie à la coupable et fixa ainsi son sort.

« Pour la réparacion civile, la cour a condamné et condamne la dite Renée de Vendômois à délaisser l'habit noir de viduité et à faire amende honorable publiquement en la cour de céans au procureur général du roi et aux enfants dudit feu de Saint-Berthevin, à genoux, nue tête, sans chaperon, vêtue d'un corset de gris blanc, sur lequel, à l'endroit de la poitrine, sera cousue une petite croix de bois ; et, tenant en ses mains une torche de cire allumée, elle dira :

« *Je, Rénée de Vendômois, remercie très humblement le roi, mon souverain seigneur, de la grâce qu'il m'a faite en me sauvant la vie et en me remettant la peine de mort que j'ai méritée et à laquelle j'ai été condamnée, pour ce que, faussement, mauvaisement, par conspiration et machination mauvaise, j'ai commis adultère, vol et larcin des biens de feu monseigneur de Souday, Jean de Saint-Berthevin,*

---

(1) Pièces just., n° III. — M. de Rochambeau (*Revue du Maine*, t. X, p. 17) appelle improprement ce document une *lettre de rémission*.

(2) Lettres de rémission, datées de Paris, février 1485 (v. s.). Voir Pièces just., n° II.

(3) Pièces just., n° IV.

lors mon mari, et que j'ai été cause que, inhumainement, il a été meurtri et occis près de sa maison de Souday par un nommé Gros-Jehan, serviteur de Guillaume du Plessis, mon adultère, ce dont je me repens et requiers merci et pardon à Dieu, au roi, à justice, aux enfants du dit défunt seigneur et à tous ses autres parents et amis. »

En outre, la cour priva Renée de tous ses droits civils, la condamna à restituer les bijoux volés après la mort de son mari, à fonder des services religieux dans l'église de Souday en fournissant les ornements nécessaires, à faire ériger sur le lieu du crime une croix de pierre de huit pieds de hauteur avec une épitaphe narrative de la mort de Saint-Berthevin, à payer différentes amendes, à tenir prison jusqu'à la parfaite exécution de toutes ces charges et enfin

« *A demeurer perpétuellement recluse et emmurée au cimetière des Saints-Innocents à Paris, dans une petite maison qui sera faite à ses dépens, des premiers deniers venant de ses biens, maison joignant l'église, comme elle était anciennement, pour y faire pénitence et finir ses jours au moyen d'aumônes et du résidu de ses biens* (1). »

Quinze années auparavant, le 25 août 1471. Marie de Montauban, fille de Jean de Montauban, amiral de France, avait également été condamnée « à être enclose et emmurée » pour tentative d'empoisonnement et d'ensorcellement sur la personne de son mari Georges de La Trémoille, sire de Craon (2).

---

(1) Pièces just., nº V. — M. de Rochambeau (*Revue du Maine*, t. X, p. 18) remarque que le procès de Renée fut mené avec une célérité peu ordinaire à cette époque. L'estimable auteur oublie qu'il durait depuis deux ans.

(2) *Chartrier de Thouars*, p. 212. *Archives d'un serviteur de Louis XI*, pp. 39, 213, 218, 221. — Le mardi 7 avril 1416, la cour de Parlement

VIII

UN RÉCLUSOIR. — CIMETIÈRE ET RÉCLUSOIRS DES SAINTS-INNOCENTS. — LES ANCIENNES RECLUSES DES INNOCENTS.

Victor Hugo a décrit dans sa *Notre-Dame de Paris* un reclusoir de fantaisie, la cellule de la Tour-Roland ou du Trou-aux-Rats et mis en scène dans ce réduit, « sorte d'anneau intermédiaire de la maison et de la tombe, » la douloureuse figure de sœur Gudule, Paquette-la-Chantefleurie. La situation dramatique d'une recluse, qui, presque toujours s'était séparée volontairement du monde, ne pouvait échapper au romancier. « Ce vivant retranché de la communauté humaine et compté désormais chez les morts ; cette lampe consumant sa dernière goutte d'huile dans l'ombre ; ce reste de vie vacillant dans une fosse, » devait hanter le cerveau d'un auteur qui se complaît dans les antithèses violentes et dans les contrastes excessifs.

Le vrai reclusoir, toujours bâti auprès d'une église (1), ne

---

ordonna que *Jeanne Marcelle*, femme de *André du Moulin*, bourgeois de Paris, serait enfermée « en un lieu seur, honeste, à par soy, » et que ledit André du Moulin aurait une des clefs de la chambre où serait sa femme tandis que l'autre clef serait confiée à *J. Marcel*, bourgeois de Paris, « cousin d'icelle femme. » Arch. nat. X/1ª 1480, fol. 52 v°. A Tuetey, *Journal de Nicolas de Baye*, t. II, p. 246-247.

On rencontre dès le 14 mars 1383 (v. s.). « *Andry du Moulin,* changeur et bourgeois de Paris, » avec « Jehan de Lyans, Mᵉ Jehan de Troyes » contre « les héritiers de feu Simon Le Seigneur et *Jehan Marcel.* » Arch. nat. X/1ª 1472, fol. 54 v°. En 1395, *Andry du Moulin* est dit « héritier par bénéfice d'inventaire de Pierre de Saint-Pierre, jadiz receveur du Mans. Le 16 mai 1434, un *Andry du Moulin*, peut-être fils du susdit, et Gilles de Lorris, écuyer, renoncèrent à la succession de *Jeanne La Marcelle*, veuve de Aubelet de Laistre. *Livre de comptes de Guy VI de La Trémoille*, p. 10, 131, 258, 259.

(1) Viollet-le-Duc, *Dict. de l'architecture*, t. VIII, article *Réclusoir*, p. 4.

ressemblait pas à celui que décrit Victor Hugo, c'est-à-dire à un cachot noir et humide, voûté en ogives, dont le soupirail oblique ne laissait arriver du dehors que la bise et jamais le soleil. C'était ordinairement un petit édifice en pierre, d'une douzaine de pieds carrés au moins, avec trois ouvertures, l'une s'ouvrant sur l'église pour permettre au pénitent de communier, l'autre, en face, qui servait à son approvisionnement et la troisième destinée à éclairer la pièce (1). Les plus célèbres réclusoirs se trouvaient dans le cimetière des Saints-Innocents à Paris.

Au XVe siècle, le cimetière et l'église des Innocents près des Halles formaient un rectangle bordé par les rues de Saint-Denis, aux Fers, de la Lingerie et de la Ferronnerie. On y accédait au moyen de plusieurs portes, spécialement par celle de la rue Saint-Denis ouverte sous la maison où pendait pour enseigne le Miroir en face de la rue Trousse-Vache (2). Guillebert de Metz parle de ce lieu lugubre dans sa description de Paris sous Charles VI.

« Là, dit-il, est un cimetière moult grant, enclos de maisons appelées charniers là où les os des morts sont entassés. Illec sont paintures notables de la *dance macabre* et autres avec escriptures pour esmouvoir les gens à dévotion (3). »

J'en veux croire Guillebert de Metz. La représentation de

---

(1) « Inclusa, id est, domus Inclusi, debet esse lapidea, longitudo et latitudo in 12 pedes abeat, 3 fenestras, unam, contra chorum, per quam corpus Christi accipiat, alteram in opposito per quam victum recipiat, tertiam, unde lucem habeat, quæ semper debet esse clausa vitro vel cornu, etc. » Du Cange, *Glossarium*, t. IV, *Inclusi*, p. 329. Édition L. Favre.

(2) 1462, 3 septembre. Bail par les marguilliers des Saints-Innocents d'une maison « assise dedans le cymetière des dits Saincts-Innocentz, sur la porte qui est devers la rue Saint-Denis, devant et à l'opposite de la rue Trousse-Vache. »

1506. Maison « assise en partie dedans le cymetière des Saints-Innocents sur la porte qui est devers la rue Saints-Denis, où pendoit pour enseigne l[e] Mirouer. » Arch. nat. S. 3374.

(3) Le Roux de Lincy et Tisserand, *Paris et ses historiens aux XIVe et XVe siècles*. Imprimerie impériale, 1867, p. 193.

la danse macabre conduite par le pape, l'empereur, le cardinal, le roi, le légat, le duc et autres personnages, obligés de suivre les morts « *rongés de vers, pourris, puans* », ainsi que les charniers regorgeant de crânes, tibias, fémurs, vertèbres, misérables épaves humaines montées du cimetière, devaient être de « très belles et bonnes glasses à représenter la grandeur et impertinence de notre vanité humaine (1). » Cependant, comme on s'habitue à tout ici-bas, les marchandes de modes et les écrivains publics finirent par envahir les charniers. Dans les derniers siècles, c'était sous les galetas remplis de débris vermoulus de vingt ou trente générations, au milieu d'une odeur fétide et cadavérique, qu'on venait se parer et dicter des lettres amoureuses (2).

Les riches bourgeois avaient contribué à la construction de ces ossuaires lesquels, au rapport des historiens parisiens, s'élevaient sur plus de quatre-vingts arcades.

On peut citer au XVe siècle, le charnier du côté de la rue de la Ferronnerie « où est l'image de la sainte Trinité, » les charniers où se voyaient les images saint Leu, saint Jean, de la remembrance de Notre-Seigneur en Croix, le charnier du côté de la Lingerie près de la chapelle d'Orgemont, le charnier du côté de la rue Saint-Denis près de l'église et celui de la Charronnerie, fondés par Guillaume Tireverge, bouteiller du roi (3), Guillaume d'Orchies, clerc notaire du roi au Châtelet (4), Guillaume Le Roy et Arnoul Estable dit le Charpentier (5).

---

(1) Jacques Dubreuil, *Le Théâtre des antiquités de Paris*, cité dans *Paris et ses historiens*, p. 193, note 2.

(2) D'après un plan du cimetière des Innocents de 1733, 1756, les charniers longeant les rues aux Fers et de la Lingerie portaient le nom de Charniers des Écrivains, celui qui se trouvait du côté de la Ferronnerie, se nommait charnier des Lingères et celui de la rue Saint-Denis, charnier de la chapelle de la Vierge. Arch. nat. N/3 Seine, 54 et 55.

(3) Mort le 15 septembre 1439, Arch. nat. L 567, n° 14.

(4) Mort le 11 novembre 1402. Arch. nat. L 567, n° 14.

(5) Mort le 26 novembre 1409. Arch. nat. L. 567, n° 14.

Au milieu de cette ceinture funèbre, dans le cimetière même, se dressait un beau fanal gothique (1), bâti, s'il faut ajouter foi à certaine légende, sur la tombe d'un homme qui s'était vanté en son vivant que les chiens *ne pisseroient point sur son sépulcre* (2). La nuit, cette lanterne des morts éclairait de sa flamme vacillante les alchimistes — les sorciers de l'époque — que l'imagination populaire voyait se promener avec les trépassés, visitant la danse macabre (3).

Le cimetière des Saints-Innocents posséda jusqu'à deux reclusoirs à la fois, le premier entre l'église et la fontaine et le second du côté opposé.

De 1350 à 1421, on rencontre une recluse aux Innocents. Celle-ci reçoit régulièrement en aumône des rois de France une somme de vingt sous par an (4).

Une femme nommée Alix La Bourgeotte s'était retirée à l'hôpital Sainte-Catherine dans la rue Saint-Denis. Après un certain temps, elle manifesta le désir de se cloîtrer complètement. Quand on eut éprouvé sa vocation, il lui fut permis d'exécuter son projet. Le 2 juillet 1424, elle acquit de Jean Nicolas, papetier, bourgeois de Paris, un terrain d'environ cinq toises, entre l'église et la fontaine des Innocents, en bordure de la rue Saint-Denis (5), afin d'y établir son reclusoir. Elle y vécut saintement jusqu'au 29 juin 1466. A sa mort, le roi Louis XI lui fit élever dans l'église auprès de laquelle elle s'était sanctifiée un tombeau de bronze sur lequel était représentée une religieuse tenant un livre ouvert (6). Par son testament, elle avait donné aux marguil-

(1) Le dessin en est reproduit dans Le Roux de Lincy et Tisserand. *Paris et ses historiens*, p. 193.
(2) Guillebert de Metz, *Description de Paris sous Charles VI*, dans *Paris et ses historiens*, p. 193.
(3) La danse macabre aux charniers des Saints-Innocents est reproduite avec gravures et texte dans *Paris et ses historiens*, p. 293 à 317.
(4) Arch. nat. *Comptes des offrandes et aumônes du roi*, KK 9, fol. 3 à 240, *passim*.
(5) Arch. nat. S 3374, fol. II recto et verso.
(6) Voir l'épitaphe d'Alix La Bourgeotte, Arch. nat. L 656, *Epitaphes*, n°

lers de la paroisse son reclusoir, ses heures à fermoirs d'argent, sa chapelle garnie de calice, nappe d'autel, missel, chasubles, ses reliques et le reste de tous ses biens (1).

Il y avait dix-huit ans environ qu'Alix La Bourgeotte habitait sa cellule quand, sur la recommandation du curé de Sainte-Croix en la Cité, une certaine Jeanne La Verrière obtint l'autorisation de finir ses jours dans une maisonnette édifiée pour elle dans le jardin du même cimetière, auprès de l'église. Cette nouvelle construction formait probablement le pendant de celle d'Alix La Bourgeotte (2). Jeanne La Verrière prit possession de son reclusoir le 11 octobre 1442. La cérémonie fut présidée par l'évêque de Paris, Denis des Moulins, et on fit un beau sermon devant une grande multitude de curieux (3).

1, p. 3. D'après cette épitaphe, rapportée par M. de Rochambeau (*Revue du Maine*, t. X, p. 28), Alix serait demeurée recluse pendant quarante six ans. On ne peut arriver à ce chiffre qu'en y joignant le temps de sa retraite dans l'hôpital Sainte-Catherine, soit quatre ans environ.

(1) 28 juillet 1466, « M⁶ Robert Perier, prêtre, chappelain en l'église des Saints-Innocens, Michel Le Borgne, tondeur de draps, et Jehan de Sainct-Jehan, tailleur de robbes, demourans à Paris, *comme exécuteurs du testament de deffuncte sœur Alix La Bourgeotte, en son vivant recluse en la dicte église,* » confessent « avoir fait dellivrance aux dictz marguilliers de la maison ou recluz qui appartenoit à la dicte deffuncte et où elle soulloict habiter et demourer, ensemble ses bonnes heures à fermoirs d'argent, sa chappelle garnie de calice, nappe, messel, chasubles et ses relicques et generallement le résidu de tous ses biens... » Arch. nat. *Inventaire des titres de la paroisse des SS. Innocents,* LL 767, fol. XXXII verso ; S 3374, fol. III recto.

(2) Extrait des Registres de l'église de Saint-Germain-l'Auxerrois. — 2 août 1442. « Item, in eodem capitulo, pro parte Johannis La Verière extitit... magister dominus Johannes Boylea, curatus Sancte-Crucis in civitate, quod cum ipsa nota devotione intenderet vitam suam finire in reclusario, seu loco clauso, et locus valde aptus ad hoc apparuerat sibi faciendum in cymeterio Innocentium *prope ecclesiam ejusdem loci, in quodam loco ubi est jardinum,* quod placeat ipsis dominis dare licenciam edificandi ibidem aliquam parvam domum ubi ipsa possit habitare et in reclusagio vivere... » Arch. nat. L 567, n° 26.

(3) *Journal d'un Bourgeois de Paris,* édité et annoté par A. Tuetey, p. 366 et 367. — M. Tuetey se trompe en affirmant que Jeanne La Verrière précéda Alix La Bourgeotte dans le reclusoir des Innocents. Alix La

On rebâtissait dans ce temps l'église des Saints-Innocents qui fut dédiée le 22 février 1446, par le même évêque de Paris, patriarche d'Antioche (1).

IX

RENÉE DE VENDOMOIS EST EMMURÉE ET RECLUSE

Renée de Vendômois avait été condamnée à la réclusion le 20 mars 1486. Elle resta encore prisonnière au Petit-Châtelet de Paris pendant environ six mois, temps nécessaire à l'exécution des différentes clauses de l'arrêt du Parlement et au recouvrement des bijoux volés à la succession de Jean de Saint-Berthevin (2).

Le mardi 19 septembre, la dernière demeure de la dame de Souday était parachevée. Ce même jour les présidents du Parlement ordonnèrent que Renée serait conduite publiquement au cimetière des Saints-Innocents par le greffier criminel et les huissiers de la cour accompagnés des sergents à verge du Châtelet, afin d'être recluse et emmurée dans la chambre basse qu'on lui avait préparée.

Ce programme fut suivi de point en point.

Le lendemain de bonne heure, la multitude encombrait

Bourgeotte entra dans sa cellule dix-huit ans avant Jeanne La Verrière et les deux saintes femmes habitèrent simultanément, depuis 1442, leurs reclusoirs respectifs. La présence simultanée de deux récluses aux Innocents met à néant l'affirmation de ceux qui prétendent *qu'il n'y avait dans chaque église qu'un reclus ou une recluse à la fois*. M. de Rochambeau a reproduit cet erreur, *Revue du Maine*, t. X, p. 24, 25.

(1) Arch. nat. L 656, *Épitaphes*, n° 1, p. 2.

(2) Le 17 juillet 1486, le Parlement condamna Christophe de Vendômois, parent de Renée, à restituer tous « les biens meubles, bagues, joyaulx, or et argent monnoyé et à monnoyer par lui receuz, prins et retenuz, qui furent à feu Jehan de Saint-Berthevin. » La cour lui accorda en même temps un délai pour qu'il ait « son recours pour raison des choses dessus dites... contre Jehan de Courcillon et aillcurs... » Voir Pièces justificatives, n° VI.

les rues de la Cordonnerie, de la Fromagerie, de la Lingerie, de la Chaussetterie et autres voisines du carré des Innocents. La rue Saint-Denis roulait, devant ses boutiques d'épiciers, d'apothicaires et de selliers, des flots humains empruntant leurs éléments à la noblesse, au clergé, à la bourgeoisie et au menu peuple.

Les ondes de cette foule bigarrée, sans cesse grossie, s'avançait lentement, se heurtant aux angles des maisons qui fuyaient la ligne droite comme les promontoires d'une côte déchiquetée à plaisir. Aux croisées, aux lucarnes, sur les toits même, se montraient de bonnes et béates figures bourgeoises regardant la cohue au milieu de laquelle, de-ci, de-là, quelque homme d'armes ou archer sans scrupule jouait du coude au grand détriment des belles robes et des abdomens en rupture d'alignement. Ce sans gêne de la gent soldatesque n'était pas sans provoquer les prudents murmures des drapiers, merciers, pelletiers, épiciers, pâtissiers, poissonniers, layetiers, bonnetiers, chapeliers, chaussetiers, fripiers, etc., constituant la bourgeoisie parisienne du XVe siècle que M. Renan qualifie quelque part — peut-être sans la bien connaître — de rangée, sérieuse, pleine de justes aspirations à la vie politique.

Quoi qu'il en soit, le matin du 20 septembre 1486, la foule, toujours avide d'émotions, assiégeait le cimetière des Innocents et aspirait, sinon à la vie politique, du moins au spectacle assez rare de l'enterrement d'un vivant. Les commentaires marchaient leur train dans ces milliers de bouches et chacun appréciait selon ses goûts, sa position, son tempérament, la conduite de Renée de Vendômois ainsi que la pénitence qu'on lui imposait. On peut l'affirmer, le futur curé de Milly-sur-Marne, le jeune Michel de Brie, se montrait moins sévère, grâce à ses vingt-deux printemps, que le grave Simon de Lisle, sergent à verge du roi au Châtelet (1), et les

(1) Ces deux personnages assistèrent probablement à la cérémonie de la réclusion de Renée de Vendômois. Voici ce qu'on lit à leur sujet dans une

— 45 —

femmes de vie légère des rues Bourg-l'Abbé et Beau-Bourg ne partageaient pas les sentiments des honnêtes matrones respectueuses du devoir conjugal.

Sur les onze heures, Renée apparut avec son escorte de greffiers, huissiers et sergents à verge. Elle prit place dans le cimetière, devant l'église, où elle subit sa dernière humiliation, la lecture de l'arrêt du Parlement. Ensuite on la fit entrer dans sa cellule « fermant à deux serrures ». Une des clefs fut remise aux marguilliers Jacques Le Moyne et Dominique de Moyencourt, l'autre fut portée au greffe de la Cour (1).

Tout était fini. Le monde n'existait plus pour la recluse. Ses jeunes années qu'elle avait rêvées si joyeuses devaient s'écouler dans la solitude égayées seulement par l'assistance aux offices, le chant des psaumes et les cérémonies funèbres, jusqu'à ce que la mort, à qui on venait de la fiancer, vint la prendre pour la jeter, régénérée par la pénitence, entre les bras du Dieu de miséricorde.

X

POURSUITES CONTRE GUILLAUME DU PLESSIS
SA CONDAMNATION

La justice qui avait frappé impitoyablement la veuve de

enquête du 14 janvier 1505 (v. s.). « Maître Michel de Brie, prêtre, curé de Milly-sur-Marne et chapelain en l'église de Paris, demeurant rue de la Licorne en la cité, âgé de 40 ans, dit qu'il fut présent dès dix-sept ou dix-huit ans que les marregliers de Sainct-Innocent... se tirèrent par ledit deffunct doyen et chapitre d'icelle église (Pierre de Cerisay, doyen de Saint-Germain-l'Auxerrois), ausquelz ilz demandèrent congié de faire faire ung logis pour y mectre *une recluse nommé damoiselle Renée* qui avoit esté condamnée par le prévost de Paris à estre brûlée (etc.), lequel congié leur fut octroyé, et en ensuivant icelle iceulx margliers firent faire le logis où fut mise icelle recluse... » — Simon de Lisle, sergent à verge, etc., demeurant rue Saint-Germain-l'Auxerrois, âgé d'environ 74 ans, « dit que dès vingt-quatre ou trente ans, il vit faire dedans le cymetière des Innocents, la maison en laquelle est de présent logée une recluse... » Arch. nat. S, 28, cah. parch. fol. 26 verso et 33.

(1) Pièces just., n° VII.

Jean de Saint-Berthevin ne pouvait renoncer à punir son complice. Celui-ci, après la condamnation de Renée, était revenu dans le Perche, *entre les pays du Maine et Chartrain*, où il se tenait *en maison forte* veillant à la sûreté de sa personne. De là, il prenait un soin scrupuleux de ses intérêts matériels. Il fit même hommage pour sa terre du Mée, le 23 avril 1504, à François d'Orléans, comte de Dunois (1). Par ailleurs, malgré certain appointement, les parents de Jean de Saint-Berthevin obtenaient contre lui du Parlement et du roi Louis XII des ajournements et des décrets de prise de corps (2). Mais le coupable parvenait à se mettre à l'abri et restait insaisissable dans son repaire. Enfin, comme il fallait en finir, la cour suprême, par arrêt du 31 janvier 1506, condamna l'absent à être pendu à une potence élevée sur le lieu du crime où son cadavre devait rester vingt-quatre heures avant d'être transporté aux fourches patibulaires de Souday, à plusieurs amendes, à augmenter les fondations de messes et de services faites par Renée de Vendômois, aux frais de différentes épitaphes commémoratives du meurtre et à la saisie de tous ses biens (3). En conséquence de cet arrêt, le duc de Longueville, comte de Dunois, confisqua la châtellenie du Mée, en donna la garde à Jean, bâtard de Dunois (4), et fit un accord le 27 août 1507 avec François de Mésange, veuf de Catherine de Saint-Berthevin, au sujet de

---

(1) Bibl. nat. *Coll. Chérin*, t. 158, *du Plessis-Chastillon*, 3207.

(2) 1504, 25 septembre ; 1505, 5 janvier. Lettres du Parlement ordonnant de prendre Guillaume du Plessis partout hors lieu saint, rappelées dans la sentence du 31 janvier 1506. Arch. nat. X/2ª 65, fol. 75 et 76. — Voir les lettres du 21 mai 1505, aux Pièces just., n° VIII.

(3) « Pronunciatum ultima die januarii millesimo quingintesimo quinto. » Arch. nat. X/2ª 65, fol. 75 et 76. — C'est par erreur qu'à la p. 14, note 2, j'ai assigné à cette pièce la date du 23 février 1505 (v. s.).

(4) Arch. dép. d'Eure-et-Loir, E 147, 153, 2836, 2842. Reg. non paginés. — Lucien Merlet, *Registres et minutes des notaires de Châteaudun*, p. 68.

1,000 livres parisis que celui-ci était autorisé à prendre sur les biens de Guillaume du Plessis (1).

Tout porte à le croire, malgré ces rigoureuses procédures, Guillaume du Plessis ne finit pas ses jours au gibet. Son fils, Marin du Plessis, devint seigneur du Mée et épousa par contrat du 24 janvier 1532 (n. s.), passé devant François Pélé notaire au comté de Dunois, demoiselle Renée Tiercelin, fille de noble Antoine Tiercelin, écuyer, seigneur de Richeville, conseiller et maître des comptes de la maison de Longueville (2).

XI

ÉPILOGUE

On trouve aux Saints-Innocents pendant les années 1497, 1511 et 1523, une recluse nommée Jeanne Pannoncelle, native de la ville de Saumur en Anjou, veuve de Nicolas Boudet, marchand, et mère de Pierre Boudet, prêtre, boursier du collège de Saint-Nicolas du Louvre à Paris (3).

(1) 1507, 27 août. « Comme par arrêt de la court de Parlement donné le derrenier jour de janvier mil cinq cens et cinq (v. s.), Guillaume du Plessis, jadis seigneur de la chastellenie du Mées, pour raison de certain hommicide par luy ou son adveu et commandement commis en la personne de deffunct Jehan de Sainct-Berthevin, en son vivant seigneur de Soulday, ait esté condampné à estre pendu et estranglé et chascuns ses biens déclarez confisquez, sur iceulx... préalablement prins la somme de » 1,000 liv. par. « pour l'interestz civil de noble homme Francoys de Mesange qui avoit poursuy ledit homicide contre ledit du Plessis, etc. » Suit l'accord au sujet des 1,000 liv. entre ledit François de Mésange et François d'Orléans, duc de Longueville, qui avait pris possession de la châtellenie du Mée. Arch. dép. d'Eure-et-Loir, E 2842. Reg. non pag. — L'auteur de la *Chronique de Souday*, (*Revue du Maine* t. XVI, p. 89) se trompe en affirmant que Guillaume du Plessis ne fut pas condamné à mort.

(2) Bibl. nat. *Coll. Chérin*, t. 158, *du Plessis-Chastillon*, 3207.

(3) 1496 (v. s.), 15 février. L'official de Paris annule les censures obtenues par *Jeanne Pannoncelle* (pro parte Johanne Pannoncelle) recluse aux Saints-Innocents, contre Jean de Laval et autres marguilliers des dits

Renée de Vendômois vivait-elle encore à l'époque de Jeanne Pannoncelle ? Il m'a été impossible de résoudre ce problème. L'entrée en cellule de la dame de Souday, le 20 septembre 1486, doit donc représenter pour nous son acte de décès. Les années qu'elle passa dans son réclusoir n'appartiennent pas à l'histoire. Retranchée de la communauté humaine, la pénitente effaçait dans un tombeau, devant Dieu, seul scrutateur des consciences, les crimes de sa courte existence.

Catherine de Saint-Berthevin, fille de Jean et de Jeanne de Tucé, avait épousé en 1488 l'écuyer manceau François de Mésange. Elle mourut en 1504, après avoir demandé par testament la sépulture dans l'église des Saints-Innocents (1).

Saints-Innocents, à la condition qu'ils feront construire en temps opportun « certam dumnunculam pro ipsa reclusa ». Arch. nat. L 422, n° 28, parch. — M. de Rochambeau (*Rev. du Maine*, t. X, p. 21) cite ce document d'après l'abbé Lebeuf, *Hist. du diocèse de Paris*, t. 1. p. 80.

1511, 5 avril avant Pâques. « Devant Jaques de Launay et Nicolas de Chameray, notaires... ou Chastelet, ...fut présente en sa personne relligieuse et dévote femme, seur *Jehanne Penanceau, natifve de la ville de Saulmur ou diocèse d'Angiers*, à présent recluze en l'église des Saincts-Innocents à Paris », laquelle fonde une messe basse chaque vendredi en l'église Sainte-Opportune à Paris, à l'autel Sainte-Anne, messe qui sera dite par un chapelain « ou par son filz nommé maistre Pierre Boudet, sitost qu'il sera prestre. » Une autre messe avait été fondée par la même recluse dans l'église des Saincts-Innocents, en la chapelle Sainte-Anne, le 26 septembre 1509. Elle demande une épitaphe dans l'église Sainte-Opportune et à être inscrite au martyrologe après sa mort. Arch. nat. L 568, n° 1, orig. parch.

1523, 11 septembre. « Vénérable et discrette personne Me Pierre Boudet, prêtre, boursier du collerge de Sainct-Nicolas du Louvre à Paris, filz de feu Nicolas Boudet, en son vivant marchant demourant à Saumur, diocèse d'Angers, et de *sœur Jehanne Penanceau*, jadis sa femme, lors recluse, ou dict lieu de Sainct-Innocent, » fondent, dans la chapelle Sainte-Anne de l'église des dits Innocents, où ils veulent être inhumés, vêpres, complis et grand'messe, le 5 mai, « vigile saint Jean porte Latine. » Arch. nat. S 3374. Reg. fol. 118.

(1) Et non dans l'église des Augustins de Paris comme le dit l'auteur de la *Chronique de Souday*. (*Rev. du Maine*, t. XVI, p. 91). — 1504, jeudi, 26 décembre. « Audita...... requesta executorum testamenti defuncte *Catherine de Saint-Berthevyn*, domicelle, uxoris nobilis viri Francisci

La douleur avait sanctifié Renée et Catherine voulait reposer auprès de sa belle-mère pour participer aux mérites de sa dure expiation. Peut-être aussi doutait-elle de la culpabilité de la recluse et ne voyait-elle dans celle-ci qu'une des nombreuses victimes des erreurs judiciaires.

Presque en même temps, Adrienne, fille de Guillaume du Plessis, se consacrait à Dieu dans l'abbaye de Saint-Avit au Perche (1).

Le fils unique de Renée de Vendômois, François de Saint-Berthevin, ne vécut pas longtemps ; le sourire et l'amour d'une mère lui avaient trop manqué durant ses jeunes années. A sa mort, arrivée en 1500, il y eut entre ses héritiers un *grand procès* au Parlement de Paris (2).

Le nom de Saint-Berthevin ne disparaissait que difficilement de la scène où l'avait placé le crime retentissant de Renée de Vendômois et de Guillaume du Plessis.

Berenger (*sic* pour de Mésange), scutiferi, de partibus cenomanensibus, dederunt (canonici) eisdem executoribus licenciam aperiendi terram in eorum *ecclesia Sanctorum Innocentium* pro inhumacione cadaveris dicte defuncte et ponendi tumbam super foveam. » Arch. nat. *Reg. du chapitre de Sainte-Opportune*, LL 588, ancien 97, fol. 132.

(1) Communication de M. l'abbé Desvignes d'après *Minutes des notaires du Dunois* aux arch. d'Eure-et-Loir, E 134.

(2) 1509, 8 juin. Procès en Parlement entre « François et Christophe de Mézange, escuiers, frères, » contre « Jehan de Favières, escuier... Delantier pour Favières dit que céans y a eu grant procès touchant la mort de feu *François de Sainct-Berthevin*, frère de la femme de François de Mésange. » Arch. nat. X/2ª 67. Reg. non paginé.

PIÈCES JUSTIFICATIVES

I

1483 (v. s.), avril, vendredi saint. chartres. — rémission accordée par charles viii a guillaume du plessis, complice de renée de vendomois (1).

« Charles etc., savoir faisons à tous présens et advenir, nous avoir receue l'umble supplicacion de Guillaume du Plessys, escuier, aagé de xxx ans ou environ, contenant que feu Jehan de Sainct-Berthevim qui avoit espousé la cousine dudit suppliant despieça a consceuz haine à l'encontre dudit suppliant, et pour cuyder mectre sa dite hayne, mauvaise et dampnable voulenté à exécution lui a imposé à tort et sans cause et dit en plusieurs lieux qu'il l'avoit voulu empoisonner en ypocras qui est une chose cauteleuse ?, et avecques ce qu'il l'avoit desrobé, desquelles choses ledit suppliant qui

---

(1) Il ne faut pas oublier que dans une rémission le récit du crime, étant fait par le coupable, est presque toujours considérablement atténué. Aussi le Parlement refusait-il souvent d'entériner la grâce à cause du manque de sincérité dans l'exposé des faits. Pour être dans le vrai, il faut toujours grossir les aveux et souvent savoir lire entre les lignes.

jamais n'avoit esté actaint ne convaincu d'aucun blasme ou reprouche et qui tousjours a suivy les guerres et servy feu notre très cher seigneur et père, que Dieu absoille, ès conquestes d'Artois, pais, duché et conté de Bourgongne et autres lieux, considérant aussi qu'il est de bonne et ancienne maison noble, où il n'y eut jamais reprouche, fut très courroucé, marry et desplaisant, et aussi ledit Berthevin, en despit d'icellui suppliant, batoit souventes-foiz et oultragoit sa dite femme et cousine et lui tenoit termes rigoureux, et avecques ce de nuit lui avoit volu copper la gorge.

« Et estant ledit suppliant ung jour, dont il n'est records, ainsi marry et courrousé, comme dit est, des dites injures, survint à luy ung nommé Grant-Jehan, dont ne scet le surnom, son serviteur, qui l'avoit par longtemps servy, et lui pria qu'il lui aidast à mectre en l'ordonnance en lui remonstrant qu'il l'avoit longuement servy et qu'il le povoit faire pourveoir de sa vie sans qu'il lui coustast rien du sien ; à quoy le dit suppliant son dit maistre pensant tousjours ausdites parolles injurieuses et choses dessus dites lui répondit qu'il estoit content, mais qu'il estoit pour l'eure trop troublé et courroucé ; et ledit Grand-Jehan lui demanda de quoy ; ce que ledit suppliant lui resita en lui disant oultre qu'il s'en vouldroit bien estre vengié ; et ledit Grant Jehan lui respondit qu'il l'en vengeroit et qu'il ne s'en soussiat ; et sur ce se departit d'avecques ledit suppliant sans plus parler de la matière.

« Et peu de temps après, ledit suppliant et Grant Jehan s'entretrouvèrent et lors ledit Grant Jean, en lui priant de rechief d'avoir une place, commença à dire qu'il n'avoit encores veu ledit Berthevin, à quoy ledit suppliant, qui estoit jà comme tout desmeu et à qui il ne challoit plus de oyr parler de ladite matière et aussi ne pensoit ad ce qu'il avoit dit qu'il vouldroit estre bien vengé dudit Berthevin, ne donna aucune reponse sur ce audit Grant-Jehan, mais se departit de luy sans plus lui parler de la matière.

« Et deux jours après, comme a depuis ouy dire ledit suppliant, icellui Grant Jehan trouva ledit Berthevin auquel il se print de langaiges et en le reprenant et blasmant des injures et villaines parolles qu'il avoit dictes dudit suppliant, et voyant que icellui Berthevin vouloit tirer une dague qu'il avoit en entencion de l'en frapper, ledit Grant Jehan tira ung petit cousteau qu'il avoit seullement à coupper pain, et d'icellui lui en donna ung coup par l'estomac qui n'y entra que environ deux doiz, duquel coup néantmoins ledit Berthevin est allé de vie à trespas, et ce fait le vint dire audit suppliant qui de ce fut très fort desplaisant et doullant et tellement qu'il eust voulu alors pour tout son vaillant n'avoir jamais veu ledit Grant Jehan.

« Et depuis s'est icellui Grant Jehan, pour occasion dudit cas, absenté du pais, et le dit suppliant a esté adjourné à comparoir en personne à trois briefz jours par commission du juge du Maine, sur peine de bannissement de notre royaume, de confiscacion de corps et de biens et d'estre actainct et convaincu des cas et crimes à lui imposez, dont il s'est porté pour appellant à nous et à notre court de Parlement à Paris; et doubtant rigueur de justice s'est aussi absenté du pais et n'y oseroit jamais seurement retourner, converser ne demourer, se noz grâce et miséricorde ne lui estoient sur ce impartiz, en nous humblement requerant que, actendu qu'il a tousjours par cy-devant esté de bonne vie, renommée et honneste conversacion, comme dessus est dit, sans jamais avoir esté actainct ne convaincu d'aucun autre villain cas, blasme ou reprouche, et que ledit Berthevin le chargeoit grandement de son honneur et tant qu'il lui imposoit qu'il l'avoit voulu empoisonner ou jamais n'avoit pensé, il nous plaise luy impartir nosdites grâce et miséricorde.

« Pourquoy nous etc., audit suppliant, etc., en l'honneur et révérance, etc... (1).

(1) La phrase n'est pas achevée, mais plusieurs autres rémissions don-

« Donné à Chartres ou mois d'avril, l'an de grâce mil cccc quatre vings et trois, et de notre règne le premier.

« Ainsi signé : Par le roy tenant ses requestes. Amys. Visa, contentor. »

Arch. nat. JJ 210, fol. 184, n° 236.

II

1485 (v. s.). FÉVRIER. PARIS. — RÉMISSION ACCORDÉE PAR CHARLES VIII A RENÉE DE VENDOMOIS

« Charles, etc., savoir faisons etc., nous avoir reçeu l'umble supplicacion de Regnée de Vendosmoys, jeune damoyselle, aagée de XXII ans ou environ, prisonnière en la conciergerie de notre palais, contenant que elle a esté conjoincte par mariage avec feu Jehan de Saint-Berthevin, en son vivant, escuier, s^r de Soulday, et en a eu deux enfans, dont l'un est encores vivant. Mais, durant ledit mariage ledit de Saint-Berthevin luy a mené aucunefois rude vie, et ce saichant ung nommé Guillaume de Plessis, escuier, qui fréquentoit souvant en l'ostel dudit de Saint-Berthevim pria et requist plusieurs foiz ladite suppliante d'avoir sa compaignie et tellement la sollicita qu'elle s'ey accorda, et

---

nées dans ce temps à Chartres, où Charles VIII venait pour la première fois, nous permettent de la restituer. On doit donc lire : « en l'onneur et révérance de la Passion du benoist Sauveur et Rédempteur Jésus-Crist, qui, à tel jour qu'il est aujourduy, voulut souffrir mort et passion en l'arbre de la croix pour notre rédemption ». Voir en particulier la rémission accordée à Jacques Bray, prisonnier à Chartres, qui contient la formule en entier. Arch. nat. JJ 210, fol. 123 verso, n° 147.

depuis le dit du Plessis continua et ala et vint oudit hostel en cognoissant ladite suppliante charnellement.

« Et au moyen de ladite fréquentacion, à certain jour qu'il avoit à faire d'argent, comme il disoit, il print par le moyen d'elle en un buffet dudit hostel la somme de deux cens à xii^{xx} escus appartenant audit de Saint-Berthevim, lequel quant il s'apperceut de ladite perte fut mal content, disant que ladite suppliante estoit consentent dudit larrecin, en luy disant que se elle ne luy en disoit la vérité qu'il la batroit, comme il fist, tellement qu'elle luy confessa que ledit Guillaume du Plessis l'avoit eu. Et à ceste cause ledit de Saint-Berthevim, son mary, luy tint plus rudes termes qu'il n'avoit fait par avant, tellement qu'elle prya ledit du Plessis qu'il voulsist rendre ledit argent et que son dit mary luy menoit plus mauvaise vie que devant et en avoit fait publier une monicion et qu'elle ne vouloit point estre excommuniée. Mais ledit du Plessis repondit que ledit de Saint-Berthevim s'estoit plaint à aucuns archiers disant qu'il luy avoit desrobé ledit argent, mais que, par le Sang Nostre-Seigneur, se jamais il en oyoit parler il le feroit le plus fort qu'il fut oncques,

« Et sur ce eurent plusieurs parolles ledit du Plessis et la dite suppliante touchant ledit argent tellement que elle commenca à mauldire l'eure qu'elle avoit oncques veu ledit de Saint-Berthevin, son mary, et qu'elle vouldroit estre morte, disant qu'il luy menoit mauvaise vie, en requerant audit du Plessis qu'il l'en meist hors. Lors ledit du Plessis et elle machinèrent la mort dudit de Saint-Berthevim ; et depuis plusieurs foiz qu'ilz se trouvèrent ensemble ladite suppliante prya audit du Plessis qu'il se despeschast, à quoy il respondit qu'il trouveroit bien homme qui feroit le cas et qu'il cousteroit de l'argent. Sur quoy elle dist qu'elle en vouldroit avoir donné cent escus, mais quelque chose qu'elle dist elle pensoit que ledit du Plessis prendroit quelque jour question audit de Saint-Berthevim et que luy mesme feroit le cop ; et de ceste matière rescripvirent plusieurs foiz l'un à l'autre, tellement que aucun temps après et le jour précedent que le dit de Saint-Berthevin fut occis, ung nommé Grant Jehan, qui estoit ou avoit esté serviteur dudit du Plessis, s'adreça à la dite suppliante, près du pont de la maison de Soulday, luy estant en habit de coquin, et luy dist que son maistre Guillaume du Plessis l'avoit là envoyé pour occire son dit mary et que pour ce faire il avoit esté mussé certains jours en une cave près d'illec. A quoy elle respondit qu'il ne le feist pas et se tournast devers son dit maistre et luy dist qu'il rendist ledit argent.

« Néanmoins ledit Grant-Jehan, le lendemain, qui fut à ung jour deux a en entour Noel (1483), guecta ledit feu Jehan de Saint-Berthevin, ainsi qu'il aloit à ung sien molin ou à l'église près de son dit hostel et le tua et occyt d'une dague ou braquemart.

« A l'occasion duquel cas ladite suppliante fut dès lors prinse par la justice de Mondoublau et depuis, moyennant certain appel, a esté a matière dévolue en notre court de Parlement, par laquelle ladite suppliante a esté ranvoyée par devant le prévost de Paris ou son lieutenant où elle a esté par plusieurs foiz interroguée et gehaynée et renoncé à toutes grâces et rémissions ; et finablement son procès fait a esté par sentence dudit prévost ou son lieutenant condâmpnée à estre arse et brulée et en grans amendes envers ses parties adverses et ses biens desclarez confisquez, dont elle a appellé en notre court de Parlement, par quoy a esté ramenée ès prisons de notre dite Conciergerie, où elle est en grant dangier etc. Requerant etc.

« Pourquoy etc. en faveur de ses dits parens et amis qui sont gentilzhommes et nous ont servy etc. avons quicté etc. et l'avons relevée de ce qu'elle avoit renoncé à toutes grâces etc.

« Donné à Paris, ou moys de février l'an de grâce mil cccc iiii^{xx} et cinq et de notre règne le troisième.

« Ainsi signé, Par le roy, monsʳ le duc d'Orléans, les comtes de Clermont, de Vendosme, le sire de Graville, le bailly de Meaulx, Mᵒ Robert Thiboust et autres présens. Berthelot. Visa, contentor. de Molins (1). »

Arch. nat. JJ 211, fol. 83 verso, nᵒ 367.

III

1485 (v. s.), 22 FÉVRIER. PARIS. — LETTRE DE CHARLES VIII AU PARLEMENT PORTANT COMMUTATION DE PEINE EN FAVEUR DE RENÉE DE VENDOMOIS.

« Du mercredi xxııᵒ jour de février mil cccc ıııxx et v, au conseil en la grant chambre où estoient messeigneurs M. J. de La Vaquerie, M. M. de Nanterre, président, M. T. Baillet, M. J. Allegrin, M. Descugeraiz, M. J. Pellieu, M. J. Chambellan, M. P. Turquan, M. J. du Fresnoy, M. E. du Boys, M. M. de Bellefaye, M. J. Avin, M. J. Bochet, M. G. Séguier, M. J. Angenost, M. C. Chanvreux, M. F. Chambon.

« Sur ce que monseigneur le Chancellier a envoyé savoir à la Court par maistre Jehan de Villebresme, notaire et secrectère du roy, et l'un des quatre notaires de la dite court, la response des lettres missives envoyées par le roy à icelle court, touchant Regnée de Vendosmoys, prisonnière en la Consiergerie du palais à Paris, desquelles lettres la teneur s'ensuit :

« A noz amez et féaulx conseillers les gens tenant notre court de Parlement.

« De par le roy, noz amez et féaulx, notre très cher et

---

(1) Dans cette rémission, le récit du crime paraît plus sincère que dans celle de Guillaume du Plessis parceque Renée de Vendômois avait été forcée de faire des aveux qui, hélas, lui avaient peut-être été arrachés par les souffrances de la question.

très amé frère et cousin le duc d'Orléans nous a par plusieurs
foiz supplié et requis que voulsissions quicter, remectre et
pardonner à Renée de Vendosmoys, à présent detenue prisonnière en la Consiergerie de notre palais à Paris, le cas
par elle commis touchant la mort et omicide de feu Jehan de
Saint-Berthevin en son vivant, escuier, son mary. Et pour ce
que voulons bien justice estre satisfaicte et que, neantmoins,
à la requeste et en faveur de notre dit frère et cousin, la vie
de ladite Renée demeure sauve, nous vous mandons bien
expressement que se, par le procès d'icelle Renée, vous
trouvez qu'elle ayt desservie peine de mort, vous, icelle
peine de mort luy commuez en telle autre peine que verrez
estre à faire, car tel est notre plaisir, si ne luy vueillez faire
faulte.

« Donné à Paris, le XXIe jour de février.

« *Sic signatum :* Charles. — Baudiment.

« Deliberé et conclud a esté par la dite court qu'elle pro-
cedera au jugement du procès de la dite Regnée pour, en
jugeant le dit procès, avoir tel regard ausdites lettres que de
raison (1). »

Arch. nat. X/2^a 51, Reg. non paginé.

IV

1485 (V. S.), 28 FÉVRIER. PARIS. — PLAIDOYERS AU PARLE-
MENT POUR ET CONTRE L'ENTÉRINEMENT DES LETTRES
DE RÉMISSION ACCORDÉES PAR CHARLES VIII A RENÉE DE
VENDOMOIS.

« Du mardy derrenier jour de février mil IIII^c IIII^{xx} et cincq
en la grant chambre, J. de la Vacquerie, président.

(1) Ce document a été publié en partie par M. de Rochambeau (*Rev. du
Maine,* t. X, p. 17), d'après *Rev. rétrospective* par Tachereau, t. XVII.

« Entre Regnée de Vendosmoys, prisonnière en la consiergerie du Palais à Paris, demanderesse et requerant l'enterinnement de certaines lectres de rémission par elle obtenues du roy, nostre sire, d'une part, et Marguerite de Sainct-Berthevin et Ambrois de Marueil, escuier, baillistres des enffans mineurs d'an de feu Jehan de Sainct-Berthevin, en son vivant, escuier, seig^r de Soulday, et le procureur géneral du roy, defendeur et opposant à l'enterinnement des dites lettres de rémission, d'autre part.

« *Gannay* pour ladite Regnée de Vendosmoys, demanderesse, dit que japiecà, pour raison du meurtre commis en la personne de feu Jehan de Sainct-Berthevin, icelle demanderesse fut constituée prisonnière par la justice et officiers du lieu de Montdoubleau, et illec s'estoit meu procès entre les dites parties, ouquel avoit tellement esté procédé que les dites parties avoient esté appoinctées contraires et enqueste. Et depuis, au moyen de certaine appellacion interjectée en la court de Céans par parties adverses sur la matière dévolue en la dite court, ès prisons de laquelle ladite Regnée fut dès lors amenée prisonnière où elle fut par long temps, et après fut ladite appellacion mise par icelle court au néant et renvoyée icelle Regnée toute prisonnière par devant le prévost de Paris, ou son lieutenant, par lequel, son procès lui fut fait, et en icellui faisant fut icelle Regnée très inhumainement traictée et gehainée en telle manière qu'elle est à jamès impotente de ses membres ; et au moien de certaine appellacion par elle interjectée fut de rechief ledit procès dévolu en ladite court, par arrest de laquelle la dite appellacion fut mise au néant et renvoiée icelle Regnée par devant ledit prévost ou son dit lieutenant pour lui faire et parfaire son procès... Dupuis lequel renvoy icelui prévost de Paris ou son dit lieutenant par sa sentence avoit condamnée ladite Regnée à souffrir mort, delaquelle elle s'estoit portée pour appellant en la dite court où elle avoit esté amenée prisonnière comme encores est de présent. Et depuis, mons^r

d'Orléans et plusieurs de ses parens ont requis au roy que son plaisir fust lui bailler rémission, mais le roy en gardant justice et en faisant miséricorde a quicté la dite peine de mort naturelle en peine de chartre perpétuelle. Si requiert l'enterinement des dites lectres. A laquelle Renée, pour ce présente en sa personne et requerant l'enterinement de ses dictes lectres, a esté demandé par ladite court selle advouoit le contenu en icelles ses lectres, qui a dit que oy.

« *Michon*, pour les enfans et héritiers du dit defunct de Sainct-Berthevin, demandeur, à l'enterinement des dites lectres de rémission, dit que la matière qui s'offre de présent a très bien besoin de la bonne provision de la court, car de tous les meurtres et omicides qui furent oncques traictez en ladite court, dont il soit mémoire, n'en est point de si horrible, excecrable et abhominable à Dieu et au monde que celuy dont il parlera cy après.

« Et pour entrer en la matière dit que ledit de Sainct-Berthevim estoit en son vivant escuier noble homme, de noble maison et lignage et des plus nobles qui fussent ou comté du Maine, doux, paisible, et s'est tousjours grandement conduit et gouverné, tellement qu'il a esté aimé de tous ses voisins et de ceulx qui avoient congnoissance de lui ; et fut marié par deux foiz, duquel premier mariage, entre autres enffans a ung jeune filz de l'aage de xii ans ou environ, nommé Guillaume, et une fille nommée Katherine de Sainct-Berthevin, à présent défendeurs. Et après a convolé à secondes nopces, *seu ad secunda vota*, avec partie adverse, duquel second mariage, comme l'on dit, sont yssuz deux enffans, dont l'un est encores vivant ; et est à noter que au contract dudit second mariage icelui de Sainct-Berthevin advantagea ladicte Regnée de plus beaucoup qu'il ne devoit, qui fut cause, comme il est vraysemblable, de la machinacion et conspiracion de sa mort, pour ceque se n'eust esté le dit advantaige que lui avoit fait le dit de Sainct-Berthevim, elle n'eust pas eu de quoy vivre si oppulement qu'elle avoit au moien du dit avantagement, combien qu'elle deust estre plus envers lui obéissant, touteffoiz affin d'avoir l'avantagement à elle promis par le dit traictié de mariage ou pour son plaisir desordonné elle auroit machinée la mort dudit feu Berthevim. Or, depuis ledit mariage consummé et que ladite demanderesse fust traictée par ledit de Sainct-Berthevin si doulcement qu'il estoit possible de gouverner et entretenir gentil femme, touteffoiz elle s'estoit très mal gouvernée et entretenue car elle s'est gouvernée en tout adultaire et paillardie de son corps ; *primo* elle s'acoincta d'un nommé Guillaume du Plesseis et s'abandonna à lui, et eut par plusieurs foiz sa compaignée charnelle, ainsi qu'elle a confessé, et james ne le denya ; et encores, non contente de ce, desroba ledit de Sainct-Berthevin, son mary, et fut consentent de plusieurs larrecins à lui faiz de grant somme d'argent durant leur dit mariage ; et entre autres lui desroba ou mal prinst, quoy que ce soit fut consentent, du larrecin fait en la maison de son dit mary de la somme de viii^{xx} escuz ou environ que ledit du Plesseis, qui l'entretenoit, eut et dont meurdre et omicide, machinacion ou conspiracion d'icellui, comme elle veult dire, est procédé. Et touteffoiz, ce venu à la congnoissance du dit de Sainct-Berthevin, son mary, qui le portoit fort paciemment, demanda à la dite demandarresse qu'estoit devenu ledit argent et selle en sauroit riens, et qu'il estoit plus marry du seau de ses armes qui estoit avecques son dit argent que l'on avoit aussi derobé qu'il n'estoit en partie de l'argent, pourceque au moien d'icelui on le pourroit obliger à son deceu, en soy complaignant doulcement à elle ; laquelle lui respondit par telles ou semblables parolles en effect et substance : Mon mary, vous vous debatez de votre argent et de votre seau, mais dudit argent, je n'en scay riens, et au regard de seau, allons veoir en l'aulmoire où estoit ledit argent et je croy que qui lui trouverez ; ce qu'ilz firent ; et y fut trouvé ledit seau, combien que par avant il n'y estoit pas, mais est vraissemblable que ladite demandarresse lui avoit depuis mis. Et alors ledit de Sainct-Berthevin se doubta de sa dite femme, au moins qu'elle estoit consentent dudit larrecin, et pour ce lui demanda par plusieurs foiz selle savoit riens dudit larrecin. Et après plusieurs denegacions, tant pour les faultes dessus dites que dudit larrecin, la voult ung peu corriger en la menassent de parolles et de batre de verges, et, comme elle veult dire, la batit de verges, ce qu'il ne confesse pas, et ne lui faisoit plus si bonne chière se lui sembloit qu'il avoit acoustumé. Pour laquelle cause, icelle demandarresse voulant du tout vivre à sa plaisance ou se remarier de nouvel avec ledit du Plesseis ou autre, ainsi qu'il est à présumer par ce qui cy après sera dit, elle et ledit du Plesseis conspirèrent et machinèrent ensemble de meurdrir, tuer et occire ledit de Sainct-Berthevin et prenent jour pour ce faire ; lequel ainsi prins cuidèrent mectre à exécucion leur dite dampnable entreprinse, ce qu'ilz ne peurent. Et après advisèrent ensemble qu'ilz feroient venir à ung matin ung nommé Gros Jehan, serviteur dudit du Plesseis, en aucun lieu ouquel il trouveroit à l'issue de la messe ledit de Sainct-Berthevin, pour ce qu'il estoit coustumier d'oir la messe tous les jours comme beaucop de gentilzgens ont de coustume de faire, et qu'il viendroit en abit de coquin lui demander l'aumosne pour Dieu et que en luy donnant l'aumosne, il le tueroit ; ce qui fut fait et exécuté. Car ledit Gros Jehan en abit de cocquin vint incontinant ladite machinacion et conspiracion prinse entre les dits demanderresse et du Plesseis, parla à elle et après s'en alla en l'église qui estoit près d'illec où estoit ledit de Sainct-Berthevin oyant la messe ; et après la messe dicte le suyvit ledit Gros-Jehan en son habit de cocquin jusques à ung moulin audit de Saint-Berthevin appartenant et lui demanda l'aumosne pour l'onneur de Dieu, lequel de Sainct-Berthevin qui estoit homme charitable mist la main à sa bourse et en lui voulant donner icelle aumosne icelui Gros Jehan, sans mot dire, d'un glaive ou bracquemart qu'il avoit sur lui le frappa par le costé, dont tantost après mourut ; et incontinant s'en va et ne scet l'on qu'il est devenu, au moins par justice n'a peu estre prins ne appréhendé. Et ce fait fut dit à ladite demandarresse la manière et comment ledit meurdre avoit esté fait, laquelle en lieu d'estre desplaisante et doulente n'en fit apparence de deul et n'en ploura oncques, quoy qu'il en soit n'en fit pas grant compte.

« Or est l'esclandre dudit meurtre par le pais du conté du Maine, où il estoit demourant, fort grant, parquoy ledit du Plesseis s'évada et s'en alla à Sainct Malo, en Bretaigne, que l'on dit estre ville de franchise, mais avant il respondit à ladite demandarresse unes lectres, où lui mande par aucun, qu'elle soit ferme du babin et qu'elle ne se couppe point et qu'elle n'aura jamès mal, ce qu'elle a tousjours fait jusqu'à présent. Or à l'entrée de ladite ville de Sainct Malo, avant que ung crimineulx puisse tenir franchise, il fault qu'il baille par escript son cas pour lequel il veult tenir franchise et est escript ou papier de ladite ville et y est gardée telle forme que, se ledit crimineulx délaisse ung mot ou une sillabe de dire la vérité, incontinant il est pendu et estranglé en ladite ville de Sainct-Malo. Et pour ceste cause ledit défendeur, saichant ladite ordonnance, dist, confessa et déclaira tout le cas, meurdre, omicide, conspiracion, machinacion, larrecin, et autres choses dessusdites, laquelle confession par les héritiers dudit de Sainct-Berthevin depuis recouverte et que par icelle *constabat* que ladite demanderesse estoit consentant desdits cas, ilz font faire informacion sur iceulx par les officiers de Mondoubleau, de laquelle le comte de Vendosme est seigneur en partie et ung autre pour l'autre, après laquelle faicte ladite demandarresse est emprisonnée ; mais auparavant ledit meurdre et depuis ledit emprisonnement elle avoit prins et desrobé tous les biens, bagues et joyaulx dudit feu de Sainct Berthevin, montant à grans sommes de deniers, qui estoit faire mourir en grant mendicité lesdits enffans et héritiers dudit de Sainct-Berthevin ; et depuis les parties oyes, elles furent appoinctées par ladite justice de Mondoubleau à estre pré par faiz contraires et en enqueste comme en procès civil. Or cependant ledit du Plesseis lui rescript certaines lectres en jargon, par lesquelles il luy mande qu'elle se donnast bien garde de riens confesser, et que si elle faisoit elle n'auroit jamais mal. Et depuis tant fut procédé oudit procès que de certain appointement de la dicte justice de Montdoubleau fut appellé en la court de céans, au moien duquel appel icelle demandarresse a esté amenée céans prisonnière. Et depuis fut ladite appellation mise à néant et renvoyée icelle demandarresse par devant le prévost de Paris, ou son lieutenant criminel, pour lui faire parfaire son procès ; mais ladicte demandarresse pour évicter que la vérité ne fust sceue dudict meurdre a mesdit dudict lieutenant, officiers du Chastellet et du procureur des dicts défendeurs ; et est touteffoiz interroguée sur ledict cas, lequel elle dénye. Après plusieurs confrontacions et recollemens de tesmoings est mise en question et confesse ledict meurdre, non pas si amplement qu'elle fait par sadicte rémission. Et après ce que le procès est en estat de juger, pour éviter le jugement d'icelui quand le dit lieutenant la fait venir par devant luy, ou présence des conseillers du roy oudict Chastellet, pour lui lire son dict procès, elle déclaire audict lieutenant qu'elle entend bien qu'il veult faire et sans autre chose lui dire elle se porte pour appellant de lui en ladicte court de Parlement, laquelle estoit pour lors vaccant pour ce que c'estoit ou temps de vaccacions. Et depuis elle oye par icelle court sur sadicte cause d'appel fut ladicte appellacion mise au néant et renvoyée par devant ledict lieutenant appelé avec luy le lieutenant civil et autres conseillers dudict Chastellet pour lui faire et parfaire son procès, non obstant oppositions ou appellacions quelzconques, jusques à sentence deffinitive, *inclusive semota execucione*, s'il en estoit appelé. En ensuivant lequel arrest, ledict lieutenant par sa sentence l'a condamnée à estre traynée et arsse au marché aux pourceaux, à faire un obit solennel pour l'âme dudict défunct et autres choses à plain contenues en la dicte sentence, delaquelle elle a appellé en la court de céans, en laquelle a esté amenée. Et depuis, par le moien de ses amis, comme elle dit, a obtenu lectres de rémission, dont à présent elle demande l'enterinement. Or dit que veu ce qu'il a dit dessus, lesdites lectres de rémission sont subreptices, obreptices, inciviles et desraisonnables. Subreptices, pour ce qu'elle ne donna à entendre les larrecins qu'elle a faiz depuis la mort de son mary et aussi les adultaires et paillardises qu'elle avoit faictes et commises avec ledit du Plesseis et autres, tant durant le premier mariage que le second, qui sont troys crimes capitaulx...

« *Secundo*. Combien que après le meurdre et paricide commis elle deust avoir desplaisance dudit cas et garder les biens pour les enffans et héritiers dudit de Sainct-Berthevin, toutesfoiz elle les a prins, emblez et furtivement emportez, dont ès dites lectres de rémission n'est faicte aucune mencion.

« *Tertio*. Elle n'a point donné à entendre les lectres de jargon à elle escriptes par ledit du Plesseis et les dénégacions qu'il a faictes par serment en justice et aussi qu'elle a procuré et pourchassé contre lesdits défendeurs de les faire destruire de corps et de biens, disant qu'ilz estoient faulx accusateurs pour la poursuite qu'ilz faisoient contrelle, pour la réparacion de l'omicide dudit défunct et par ce appert que icelles lectres sont subreptices et obreptices...

« Selon droit les meurdres et omicides plus détestables et abbominables sont ceulx qui sont faiz de guect-apens et propos délibéré et sont ceulx qui les font ou font faire privez de tous privileiges et franchises.... et aussi le roy David saichant telz meurdres et omicides comme est celui de présent ne voult point remectre à Joab le meurdre et omicide qu'il avoit commis de propos délibéré en la personne de Abuco en le baisant, mais en délaissa à son filz Salomon la punicion. Or ledit Gros-Jehan, par la machinacion et conspiracion prinse et machinée par lesdictz du Plesseis et demandarresse, vient de propos délibéré tuer et meurdrir ledit de Sainct-Berthevin en luy donnant l'aumosne, parquoy selon raison ledit cas est irrémissible, non pas que le Roy de sa puissance absolue ne lui puisse pardonner et remectre, mais de sa puissance réglée et ordonnée selon droit ne le peut ou le doit remectre ou pardonner, au moins l'on ne doit avoir regard quant au cas qui s'offre ausdictes lectres de rémission, car, selon disposicion de droit, ung paricide ne peut estre remissible... et pour ce... les dites lettres de rémission sont incivilles et desraisonnables..., que ladite demandaresse soit condamnée... à faire venir et amener céans lesdits du Plesseis et Gros Jehan qui ont fait ledit meurtre et par lesquelz l'on pourra savoir toute la vérité de ladite matière. Et allègue l'arrest donné au prouffit de Lestraige contre Sallezart, lequel fut contrainct de faire venir celui qui avoit tué messe Raymond de Lubertes, et mesmement qu'elle scet bien là où ilz se tiennent, et que depuis IIII jours en ça les parens dudit du Plesseis ont voulu appoincter avec lesdiz deffendeurs ; pareillement qu'elle soit condannée et contraincte préalablement de remectre et bailler les biens, or, argent, joyaulx et bagues, par elle prins et desrobez depuis le trespas dudit de Sainct-Berthevin, tant durant et par avant et constant leur dit mariage que depuis, ès mains des dits défendeurs, afin d'en faire partaige et division entre eulx..., semblablement de repparer et amender lesdits meurdre et omicide..., c'est assavoir d'amende honnorable en chemise dessenblée, à genoulx, tenant en ses mains une torche de cire ardant, du poix de quatre livres, en disant que faulsement et mauvaisement, elle a fait, conspiré et machiné la mort et omicide commis en la personne dudit de Sainct-Berthevin, dont elle se repend et crie mercy et pardon à Dieu, au roy, à justice et aux dits demandeurs, tant en la court de céans, au lieu et place que ledit omicide a esté commis et en la meilleur prouchaine bonne ville du conté du Maine, et à faire une croix de pierre au lieu où ledit omicide fut commis, en laquelle aura ung epithaphe, où le cas soit figuré et escript, ainsi qu'il a esté fait par le jugement naguères donné contre Guillaume Petit qui avoit tué et meurdry sa femme. Pareillement qu'elle soit condannée à fonder une chappelle dotée de cent livres parisis de rente annuelle et perpétuelle, deuement admortie, garnie d'un messel, galice et autres ornemens, pour une foiz, et que la présentation d'icelle soit et appartienne aux enffans dudit de Sainct-Berthevin de aisné en aisné et la collacion au diocésain. Et aussi à faire dire et célébrer ung obit solennel en l'église où ledit défunct est inhumé, garny de quarante torches de cire et de certains nombres de dueilz telz qu'il appartient audit défunct, et oultre qu'elle soit privée et déboutée de la communaulté des biens des douaires et dons qu'elle pourroit prétendre ou demander par le moien dudit traictié de mariage ou autrement en quelque manière que ce soit ; et actendu ledit adultaire et omicide que ledit douaire soit déclairé forfaict et acquis ausdits défendeurs ; ensemble que tous et chascuns les héritaiges qui pourroient appartenir à icelle demandaresse fussent adjugez à iceulx défendeurs et privée de toutes successions advénenens de sondit filz, tellement que s'il advenoit que le filz d'elle et dudit de Sainct-Berthevin allast de vie à trespas, qu'elle ne y puisse riens demander en sa succession, mais appartiengne aux enfans dudit de Sainct-Berthevin. Aussi que inhibicion et défense lui soit faicte, qu'elle ne se nomme plus vesve ou femme dudit de Sainct-Berthevin, et que le noir qu'elle porte en signe de deuil et tout autre chose qui luy pourroit porter à honneur lui fust osté comme répudié et indigne pour honneur de la maison, et pour amende prouffitable en la somme de quatre mil livres parisiz et avant toute confiscacion, et que ladite réparacion soit préférée au Roy, et à tenir prison par tout où il appartiendra jusques à plain acomplissement et satisfacion des choses susdites, et demande despens, dommaiges et intérestz et l'adjunction de messeigneurs les gens du Roy.

« *Ledit Michon*, pour le conte de Vendosme, s'oppose à l'enterniement des lectres de rémission de ladite demandarresse et pour ses causes d'opposicion employe ce qui a esté dit par les héritiers dudit de Sainct-Berthevin, et requiert que la confiscacion de ladite demandarresse lui soit adjugée.

« *Gannay* pour ladite demandarresse, pour ses repplicques, dit que par ce qu'elle a dit, joinct le contenu en ses lettres, son entencion est bien fondée, et lui doivent lesdictes lectres estre enterinés comme civilles et raisonnables... car le Roy, *proprio motu*, à la requeste de monseigneur d'Orléans et autres parens et amis d'icelle demandarresse, lui a remis, quicté et pardonné la mort et le cas en icelle, et lui mesmes l'a commandée au secrétaire en la présence de plusieurs ses conseillers, par la forme et manière qu'elles ont esté baillées ; aussi le roy et ses prédecesseurs ont acoustumé d'en user, et y en a plusieurs arrestz, par quoy n'est partie adverse recevable de impugner ladite grâce et rémission, 2° *a parte forme,* car ladite rémission à bien entendre n'est point réalement rémission, pour ce que tousjours en remission l'on a acoustumé de remectre, quicter et pardonner le cas et crimes contenuz en icelles, mais le roy par ladite lectre mue la poine de mort en charte perpétuelle, qui n'est autre chose que commuer une peine en une autre,... la peine de chartre perpétuelle qui est si horrible que les droiz l'ont reputée irrévocable... 3° lesdites lectres sont raisonnables veu ceulx qui en ont fait la requeste... aussi ladite demandarresse a esté par l'espace de deux ans et trois mois prisonnière, gehainée par plusieurs foiz et condannée à mort, qui est chose suffisant, au moins deust diminuer de la peine qu'elle pourroit ou devroit souffrir, quant ladite peine ne lui eust esté commuée.

« Dit que touchant ledit de Sainct-Berthevin n'en veult riens parler ; bien dit que ung jour, icelui de Sainct-Berthevin la batit de verges d'un fagot toute nue et lui a mené aucuneffoiz estroicte vie... Et au regard de la congnoissance dudit du Plesseis, elle venoit principallement par le moien dudit de Sainct-Berthevin qui plusieurs foiz l'amenoit en l'ostel d'icellui du Plesseis qui s'acointta d'elle pour ce qu'elle estoit belle et jeune damoiselle de l'aage de XVI ans ou environ, et le dict de Sainct-Berthevin estoit fort vieil et ancien, et ne sera point sceu ne trouvé que du premier mariage elle ne soit mal gouvernée de son corps.... Ad ce qu'elle a machiné et conspiré la mort d'icelui de Sainct-Berthevin avec lesdits du Plesseis et Gros-Jehan, auquel Gros-Jehan elle bailla cent escuz pour le tuer, dit que le cas est tel que sa grâce le contient ; bien est vray que après la prinse de l'argent faicte par ledit du Plesseis, le dit de Sainct-Berthevin luy mena très dure vie et la batoit souvent, pourquoy plusieurs foiz elle pria et requist au dit du Plesseis qu'il voulsist rendre et restituer ladite somme de deniers, et peut estre que pour la cause susdite elle dist qu'elle vouldroit estre despesché dudit defunct et lui eust costé cent escuz, mais james ne bailla ladite somme ne marchanda audit Gros-Jehan... A ce que ledit du Plesseis a baillé par escript son cas à Sainct-Malo, par lequel il confesse que lui et ladite demandarresse ont machiné la mort du dit de Sainct-Berthevin et l'ont fait tuer par Gros-Jehan, dit que ladite confession elle n'en scet riens, et supposé que aucune chose en fust, cè que non, touteffoiz, icelle veue par la justice de Montdoubleau les dictes parties furent appoinctées contraires et en enqueste. Et au regard des lectres de jargon, dit que ce sont lectres de chiffre comme B, C, D, et ne scet que c'est, et sont lectres contrefaictes et ne sont point escriptes de la main dudit du Plesseis et peu l'en tirer tel sceu de ladite lectre que l'on vouldra, car on fait valoir les lectres ce que l'en veult ; à ce qu'elle n'a donné à entendre les larrecins et dissolucions commis en sondit mariage, dit que du contraire appert par ladite grâce. Et touchant les biens qu'il dit avoir esté prins après le trespas dudit défunct, dit que se elle en avoit prins aucune chose que ce seroit bien peu et aussi il lui appartenoient tant par la coustume du lieu que par le traictié de son mariage ; à ce qu'elle n'a esté desplaisante dudit cas, dit que si et en fit grant deul bien est vray que l'on la gardé qu'elle n'allast veoir le corps. Et pour ce dit que en tant et partout lesdictes lectres sont civilles et raisonnables, et comme telles lui seront entérinées. Allègue l'arrest de dame Blanche Damirebruch qui avoit meurdry et occiz Guillaume de Flavy, son mary (1), dont elle obtint rémission ; aussi l'arrest de maistre Hector, dont les lectres de rémission de ceulx qui le tuèrent de guet apens et de propos délibéré et par feu bouté furent par arrest entérinées et plusieurs autres. Ainsi doncques parties adverses ne sont recevables de vouloir impugner et débatre lesdictes lectres et n'y a apparence ; et dit qu'il y eut une femme de conseiller de céans qui fist tuer son mary qui obtinst rémission qui fut enterinée et fonda la chapelle de la Grant-Salle de céans, et le pourra l'on voir par les lectres de fondacion ; *ergo*, par plus forte raison, les lectres dont est question doivent estre enterinées, car le roy ne peut plus faire que quicter une peine et une autre... »

« Du jeudi, second jour de mars mil IIIIe IIII^{xx} et cincq, en la grant chambre. J. de La Vacquerie, président.

« En la cause d'entre Regnée de Vendosmoys. Le maistre pour le procureur général, etc.

« *Michon* pour lesdits enfans et héritiers dudit défunct de Sainct-Berthevin (dit)... Ung peu avant l'omicide et meurtre

(1) Guillaume de Flavy, gouverneur de Compiègne sous Charles VII, avait épousé Blanche de Sarebruche, dame d'Aurebroueng ». D'après La Morelière (*Maisons illustres de Picardie*), Guillaume de Flavy aurait été tué non par Blanche de Sarebruche, mais par « une jeune femme de haut lieu », sa seconde femme.

commis estoit venu et escheu audit défunct de son costé une belle succession qui valloit de dix à douze mil escuz et plus, et après le meurdre comme partie adverse a tout prins, pillé et derrobé et par avanture baillez à ceulx qui de présent font la poursuite pour elle à l'encontre des dits héritiers d'icelui défunct... (1). »

Arch. nat. X/2ᵃ 54. Reg. non paginé.

V

1485 (v. s.). 20 mars. paris. — Arrêt de la court de parlement qui condamne Renée de Vendomois a la reclusion au cimetière des Saints - Innocents a Paris.

« Du lundi xxᵉ jour de mars mil cccc iiiɪ ˣˣ et v, en la grant chambre où estoient messeigneurs : M. J. de la Vacquerie, chevalier, M. M. de Nanterre, président, M.-J. Darmes (etc.).

« Entre Regnée de Vendosmoys, damoiselle prisonnière en la Consiergerie du Palais à Paris, appellant du prévost de Paris ou de son lieutenant criminel et requérant l'enterinnement de certaines lectres de rémission du roy depuis ladite sentence, d'une part, et Marguerite de Sainct-Berthevim et Ambroys de Marueul, escuier, baillistres des enffans mineurs d'ans de feu Jehan de Sᵗ-Berthevim, en son vivant, escuier, seigneur de Soulday, mary de ladite Regnée, et le procureur général du roy, defendeur et opposant à l'enterinnement des dites lettres de rémission, d'autre part.

« Vu par la court les procès faiz tant par le juge de Montdoubleau que par ledit prévost de Paris ou son dit lieu-

---

(1) J'ai remplacé par des points certains passages avec textes latins, qui ne sont que simples verbiages, sans nul intérêt.

tenant à l'encontre de ladite Regnée, pour raison de la mort
et occision commise en la personne dudit feu Jehan de
St-Berthevim et des larrecin, adultaire et mauvais gouvernement d'icelle Regnée durant le mariage dudit defunct et
d'elle, avec les examens et enquestes faiz par ledit juge de
Montdoubleau à l'encontre de ladite Regnée, la sentence
d'icelluy prévost de Paris ou de sondit lieutenant par
laquelle et pour raison desdits cas il l'a condamnée à estre
arse et brullée au marché aux pourceaux de Paris, et tous ses
biens déclairez acquiz et confisquez au roy, sur iceulx préalablement pris les reparacions et amendes contenues en
ladite sentence, delaquelle ladite Regnée avoit appellé en
ladite court, et oye la dite appellant en sa cause d'appel,
veues aussi lesdites lettres de rémission depuis obtenues du
roy dont icelle Regnée a requis l'enterinnement par lesquelles le dit seigneur a mis ladite appellation et ce dont a esté
appellé au néant et luy a remis, quicté et pardonné les cas
et crimes par elle commis et perpetrez, satisfacion faicte à
partie civilement, en luy commuant la peine corporelle,
criminelle et publique par elle déservie en peine de chartre
perpétuelle, le plaidoyé desdites parties fait en icelle court
sur l'enterinnement des dites lettres de rémission les dernier
jour de février et second jour de ce présent moys de mars,
et tout ce que lesdites parties ont mis et produit devers
ladite court, et tout considéré.

« Il sera dit que, en ayant regard ad ce ausdites lettres de
rémission, la court a mis et mect ladite appellacion interjectée par ladite Regnée et ce dont a esté appelé au néant,
sans amende, et pour cause, et pour réparacion civile, a
condemné et condemne ladite court ladite Regnée à délaisser l'abbit noir de viduité, et à faire amende honorable
publiquement en la court de céans audit procureur général
du Roy et aux enffans dudit feu de St-Berthevim, leurs
tuteurs ou curateurs, ou à leur procureur pour eulx, à
genoulx, nue teste, sans chaperon, vestue d'un corset de

gris blanc, sur lequel, à l'endroit de la poictrine, sera cousue une petite croix de boys, tenant en ses mains une torche de cire ardant, du poix de quatre livres, en disant que faulcement, mauvaisement, par conspiracion et machinacion mauvaise, elle a commis adultaire, furt et larrecin des biens de sondit feu mary, et a esté cause que inhumainement il a esté tué, murdry et occis près de sa maison de Soulday, par ung nommé Grosjehan, serviteur de Guillaume du Plessis, son adultaire, dont elle se repend, en remerciant très humblement le Roy de la grâce qui luy a pleu faire en luy sauvant la vie, et en requérant pardon et mercy à Dieu, au Roy, à justice, aux enffans dudit défunct et à tous autres parens et amys d'icelluy défunct ; et oultre a privé et prive, icelle court, ladite Regnée, du douaire a elle fait par ledit défunct son mary, et de toute communaulté des biens meubles et conquestz immeubles dudit défunct, ensemble de toutes autres donacions à elle faictes par icelluy défunct, au traictié de son mariage et autrement, et de la succession de l'enffant dudit deffunct et d'elle, en telle manière que, se ledit enffant va de vie à trespas paravant elle, la succession appartiendra aux enffans du premier mariage dudit deffunct ou autres parens et lignagers d'icellui défunct survivans ; et avecques ce, la condemne à rendre et restituer tous les biens meubles, bagues, joyaulx, or et argent monnoyé et à monnoyer, par elle pris depuis le trespas dudit défunct ; tous lesquelz biens, quelque part qu'ilz soient, seront apportez en la cour de céans pour estre distribuez aux enffans dudit défunct, ainsi que par ladite court sera ordonné, et à ce faire et souffrir seront contraincts tous ceulx qui pour ce seront à contraindre par emprisonnemens de leurs personnes et prise de leurs biens, et par toutes autres voyes dues et raisonnables, nonobstant opposicions ou appellacions quelzconques faictes ou à faire, et sans préjudice d'icelles ; et aussi condemne ladite court, icelle Regnée, à faire dire et célébrer à ses propres cousts et despens ung service solemnel en l'église de Soulday, en laquelle est inhumé le corps dudit deffunct, vigilles, commendaces, troys haultes messes et cinquante basses, douze torches, quatre grans cierges à l'entour de sa représentacion, après lequel service faiz, seront distribuez aux povres cent solz parisis, pour le salut et remède de l'âme dudit deffunct, et à fonder en ladite église de Soulday une chapellenie perpétuelle douée de quarante livres parisis de rente admortie, pour dire et célébrer doresnavant, perpétuellement en icelle église, chacun jour, une messe basse, et chacun an ung obit solennel le jour du trespas dudit défunct, icelle chapelenie garnie pour une foiz de messel, calice d'argent, chasuble de soye et autres ornemens nécessaires à célébrer divin service, de laquelle chapellenie le filz aisné dudit défunct aura la présentacion, et après luy, le plus aisné de ses enffans, saucuns en a, ou le plus aisné de ses frères et seurs, ou autre le plus prouchain héritier masle du costé et ligne dudit défunct, et la collacion appartiendra au diocésain ; à faire aussi construire et ériger, au lieu où ledit défunct a esté tué et occis, une croix de pierre de la haulteur de huit piez, en laquelle sera attaché ung épithaphe contenant la manière de la mort d'icelluy défunct et de la conspiracion d'icelle; et, pour amende prouffitable, condemne, icelle court, ladite Regnée en mil livres parisis envers les enffans dudit feu St-Berthevim, qui sera également partie et divisé entre iceulx enffans, et à tenir prison jusques à plain payement, satisfacion et acomplissement des choses dessusdites ; et si la condemne ès despens du procès la tauxacion d'iceuls réservée par devers elle, et à demourer perpétuellement recluse et emmurée ou cymetière des Saincts-Innocens à Paris en une petite maison qui luy sera faicte à ses despens et des premiers deniers venans de ses biens, joignant l'église, ainsi que anciennement elle estoit, pour illec faire sa pénitance et finir ses jours, vivant des aumosnes et du résidu de sesdits biens.

« Procuracion le XXIIe jour de mars et examiné ? ce dit jour. — Baillet, président.

« Amende Honorable.

« Je, Regnée de Vendosmoys, remercye très humblement le Roy, mon souverain seigneur, de la grâce qu'il m'a faicte en moy saulvant la vie, et remectre la peine de mort que j'ay desservie et à laquelle j'ay esté condemnée, pour ce que, faulsement, mauvaisement, par conspiracion et machinacion inique, j'y commis et perpétré adultaire, furt et larrecin des biens de feu monseigneur de Soulday, Jehan de Saint-Berthevin, lors mon mary, et esté cause promovante que inhumainement il a esté tué, murdry et occis près de sa maison de Soulday par ung nommé Grosjehan, serviteur de Guillaume du Plessis, mon adultaire, dont je me repens et requiert mercy et pardon à Dieu, au Roy, à justice et aux enffans dudit seigneur défunct, et à tous ses autres parens et amys.

Arch. nat. X/2ª 51. Reg. non paginé.

VI

1486, 17 JUILLET. PARIS. — ARRÊT DU PARLEMENT QUI CONDAMNE Mᵉ CHRISTOPHE DE VENDOMOIS A RESTITUER LES BIENS MEUBLES ET LES BIJOUX DE FEU JEAN DE SAINT-BERTHEVIN.

« Du lundi dix septiesme jour de juillet mil cccc iiii^{xx} et six, au conseil en la grant chambre, où estoient messeigneurs.

« M. J. de la Vaquerie. M. M. de Nanterre, président. M. J. d'Armes, etc.

« Entre damoiselle Marguerite de Saint-Berthevin et Ambrois de Mareul, escuier, baillistres des enfans mineurs d'ans de feu Jehan de Saint-Berthevin, en son vivant, escuier, sʳ de Soulday, demandeurs en matière d'execucion d'arrest donné en ladite court le xxɪɪᵉᵐᵉ jour de mars mil cccc ɪɪɪɪˣˣ et cinq avant Pasques d'une part, et Mᵉ Christofle de Vendosmois, defendeur d'autre part.

« Veu par la court ledit arrest les advertissemens desdites parties, et tout ce que par chascune d'icelles a esté mis et produit par devers certain commissaire ordonné à executer ledit arrest, oy le raport dudit commissaire, et tout considéré, il sera dit que ledit arrest sera executé reaulment et de fait en ce qui reste à exécuter à l'encontre dudit defendeur, et en ce faisant sera icellui defendeur contrainct par prinse de corps et de biens et par toutes autres voies deues et raisonnables à mectre et aporter au greffe de ladite court tous et chacuns les biens meubles, bagues, joyaulx, or et argent monnoyé et à monnoyer par lui receuz, prinz et retenuz, qui furent audit feu de Saint-Berthevin, et mesmement ceux qui s'ensuivent, contenuz en sa confession et declaracion par lui baillée et signée de sa main estant oudit procès,

« C'est assavoir

« Une saincture ferrée d'argent doré sur ung tissu cramoisy broché d'or.

« Ung collier en facon de patenostres d'or contenant en nombre quatre vingts patenostres esmaillées de blanc et de rouge et de verd, s'ilz sont en nature de chose, ou pour et ou lieu d'icelles la valeur et extimacion dont lesdits demandeurs seront creuz par serment, veu la manière de faire et l'informacion contenue oudit procès, jusques à la somme de cent escuz d'or. Et avecques ce à mectre par devers ledit greffe.

« Ung tableau d'or à faczon de miroer garny à l'entour de dix sept perles et huit balays ou saphirs.

« Ung collier d'or à façon de gosseaux de poix, lesdits gosseaulx esmaillez dedans de blanc et dehors de verd, en chacun gosseau a quatre perles, et y a neuf gosseaux, et entre lesdits gosseaux huit fleurettes d'or garnie chacune fleurette d'un saphir ou balay, et à la fermeture d'icellui collier a une perle rousse plus grosse que celles dudit collier.

« Ung fermillet auquel avoit deux moyennes perles, une poincte de dyament et ung balay.

« Ung demy sainct ferré d'or, ouquel pendoit une perle plus grosse que toutes les autres dessus dites.

« Se les diz miroer, collier, fermillet et demi sainct sont en nature de chose, ou sinon la somme de quarante escuz d'or, que ledit defendeur confesse avoir eu pour la vendicion de l'or qui y estoit avecques lesdites perles et pierres qu'il dit avoir encores et estre en nature, et sans préjudice ausdiz demandeurs de povoir monstrer que ledit or montoit et valoit plus, et qu'il y avoit outre et plus grant pierrerie.

« Et pour ce faire pourront lesdites parties faire examiner tant de tesmoings que bon leur semblera, *vocatis vocandis*, pour icellui examen fait et parfait leur estre fait droit par ladite court sur ladite plus value.

« Et avec ce à mectre audit greffe par ledit defendeur :

« Une petite chesne d'or plate ou pend une croix d'or et ung crucifix enlevé dessus, garny chacun croison de trois perles, fors que en l'un n'y en a que une.

« Et pour fournir au contenu de ce que dit est la court a donné terme et delay de viii^{ne} audit defendeur pour toutes prefixions et delaiz et sans préjudice à icellui defendeur d'avoir son recours pour raison des choses dessusdites ou aucunes d'icelles contre Jehan de Courcillon et ailleurs où il appartiendra, et aussi de l'argent qu'il dit avoir baillé pour ladite Renée d'avoir son recours sur ses héritages, fruiz et revenues d'iceulx, et aux dessus diz Courcillon et autres leurs defenses au contraire, pour tous iceulx biens, bagues, joyaulx, or et argent, ainsi mis et apportez oudit greffe, en estre par icelle court ordonné entre les enfans dudit defunct, selon le contenu dudit arrest, et avec ce condame ladite court ledit défendeur ès despens de ceste instance, la taxacion d'iceulx reservé par devers elle ».

Arch. nat. X/2ª 51. Reg. non paginé.

VII

1486, 19 ET 20 SEPTEMBRE. PARIS. — RENÉE DE VENDOMOIS EST, APRÈS ORDONNANCE DU PARLEMENT, ENFERMÉE DANS SON RECLUSOIR.

« Du mardi, dix neufiesme jour de septembre mil IIII^c IIII^{xx} et six, au conseil en la chambre de Parlement, icelui vacant, où estoient messeigneurs : M. J. de la Vacquerie. M. M. Nanterre. M. T. Baillet (etc.).

« Les présidens de Parlement, icelui vacant, ont ordonné et ordonnent que Renée de Vendosmois, prisonnière ou Petit-Chastellet, sera menée publiquement ou cymetière des Sains Innocens à Paris par les greffier criminel de la dite court et huissiers d'icelle, avecques aucuns sergens à verge du Chastellet, pour illec estre recluse et emmurée, selon l'arrest donné par ladite court, le XXII^{mo} (*sic* pour 20) jour de mars derrenier passé, et sera l'une des clefz de la maison de ladite Rénée baillée aux marregliers de ladite église des Sains Ignoscens et l'autre aportée par devers le greffe criminel de la dite court.

« En ensuivant laquelle ordonnance, le lendemain ensuivant, ladite Renée fut menée à unze heures dudit jour au dit lieu des Ignoscens, devant l'église duquel lieu fut leu publicquement ledit arrest. Et ce fait, fut mise, selon le contenu d'icelui, en la chambre basse faicte propice pour icelle Regnée, fermant à deux clez et deux serrures, l'une desquelles clez fut baillée à Jaques Le Moyne et Dominique de Moyencourt, marregliers des dits Sains Ignoscens, présens

Jehan Dousse et Drouet Danchel, et l'autre clef apportée au greffe criminel de ladite court, lesquelzs marregliers ont promis rendre ladite clef toutes et quanteffois que, par les dits présidens, ou ladite court de Parlement, icelle séant, sera ordonné (1). »

Arch. nat. X/2ª 51. Reg. non paginé.

VIII

1505, 21 MAI. PARIS. — LOUIS XII ORDONNE D'AJOURNER GUILLAUME DU PLESSIS, MEURTRIER DE JEAN DE SAINT-BERTHEVIN.

« Loys par la grâce de Dieu Roy de France, à nos amez et feaulx conseillers les gens tenans et qui tiennent nostre parlement à Paris, Salut et dilection.

« De la partie de nostre bien amé Franczois de Mésenge, escuier, sieur de Soulday, en son nom et comme ayant la garde noble de deux enffans mineurs d'ans de luy et de deffuncte Catherine de Sainct-Berthevin, en son vivant sa femme, nous a esté exposé que en l'an mil quatre cens quatre vings et huyt ledit Franczois de Mésenge exposant fut conjoinct par mariaige avecques ladite feue Catherine de Sainct-Berthevin, fille de feu Jehan de Sainct-Berthevin, en son vivant sieur de Soulday, lequel Jehan de S^{ct}-Berthevin, père de ladite femme dudit exposant, par avant ledit mariaige avoit esté tué et occis par conspiracion et machinacion faicte de propos délibéré par ung nommé Guillaume du Plesseys et Renée de Vendosmoys pour lors femme dudit feu Jehan de Sainct-Berthevin. Et fut faict ledit meurtre par ung

---

(1) M. A. Tuetey, *Journal d'un bourgeois de Paris*, p. 366, note 2, publie cette pièce comme inédite. Elle a été donnée en 1833-1838, par Taschereau dans *Rev. retrospective*, t. XVII.

nommé Gros-Jehan, serviteur dudit Guillaume du Plesseys, après que luy et ladite Renée de Vendosmoys luy eurent desrobé son argent montant à la somme de dix mille livres. Et après ledit meurtre par eulx ainsi faict, ledit Guillaume du Plesseys, adultère de ladite Renée, s'en alla a Sainct-Malo de l'isle sur la mer, ouquel lieu il confessa tout le cas. Et pour éviter la prinse de sa personne et qu'il ne fut pugny s'en alla en Bourgoigne en pays lors contraire, ouquel lieu il se maria pour doubte d'estre pugny en ce royaulme et reprins dudit cas pour ce que les amys dudit de Sainct-Berthevin le pourchassoient à le faire prendre affin que pugnicion en fust faicte. Et pour ce que lesdits parens et amys dudit deffunct ne pouvoient trouver en ce dit royaulme ledit sieur du Plesseys, que plusieurs fois il faisoit parler par personnes interposées d'appoinctement, furent lesdits parens et amys tellement et par plusieurs foys induictz et seduictz par lesdits gens interposéz ou aulcun d'iceulx de faire certain tel quel appoinctement avec ledit du Plesseys ou aultres de par luy envoyéz, de quoy lesdits parens et amys dudit deffunct firent moyennant certaine somme contenue audit appoinctement et passé procuracion pour consentir l'enterignement de ces lettres de rémission, sur laquelle leur fust baillée seulement la somme de deux cens livres tournois, dont il bailla quittance en rattifiant ledit contract. Et sur ledit meurtre avoist esté tellement procédé contre ladite Renée de Vendosmoys, femme dudit deffunct Jehan de Sainct-Berthevin, que par sentence de nostre prévost de Paris ou son lieutenant criminel elle avoit esté condempnée à estre bruslée au marché aulx pourceaulx lèz Paris dont elle auroit appelé et depuis obtenu lettres de rémission qu'elle auroit présentées à ladite court, et par arrest de ladite court entre aultres choses elle fust condempnée à estre enmurée à perpetuicté aux Saincts-Innocens à Paris, vivant de aulmosnes et y finer ses jours en robbe grise, une croix à la poitryne du costé dextre et aultres choses contenues audit arrest.

« Et aucun temps après ledit Guillaume du Plesseys seroit retourné en ce royaulme entre les pays du Maine et Chartrain où il se tint en maison forte ; à ceste cause et à ce que pugnicion en soyt faicte ont ledit exposant et sadite femme baillé requeste à ladite court attachée audit arrest sur laquelle tout veu par ladite court, le xxv® jour de septembre dernier passé, a esté ordonné qu'il seroit prins au corps et admené à ses despens, si trouvé pouvoit estre, si non adjourné à comparoir en personne sur peine de bannyssement, ce que a esté faict et contre luy ont esté obtenus plusieurs deffaultz. Mais ledit, exposant doubtant que partie adverse se veille obvier n'estre recepvable à ce poursuyr obstant ledit appointement ainsi faict que dict est avec lesdits parens et amys, humblement requerant sur ce lettres de grâces et provision.

« Pourquoy nous ces choses considérées qui ne voullons telz delictz demourer impugniz ains pugnicion en estre faicte tellement que soit exemple à tous aultres, vous mandons et pour ce que procès en est pendant par devant vous, par la manière que dict est, commandons et expressément enjoignons que par ces présentes que se partyes comparans pardevant vous ou procureurs pour elles, il vous appert que lesdits parens et amys dudit deffunct ayant esté induictz et seduictz par gens interposéz et envoyez par ledit du Plesseys à faire ledit appointement, par la manière que dict est, et passer procuration pour consentir l'entérignement desdites lettres de rémission quictance desdites deux cens livres et rattification, ils ayent esté et soient énormément circonvenuz, frauldez et deceuz ou de tant que souffire doye ; oudit cas parachevez de procedder ou faictes procedder à l'encontre dudit du Plesseys et aultres coulpables, sans vous arrester ne avoir regard audit appointement ainsi faict que dit est, en recepvant ledit exposant esdits noms à demander telz droictz dommaiges et interestz, satisfaction et despens qu'ilz eussent faict ou peuz faire auparavant ledit appoinctement, ainsi faict comme dit est, que ne leur voullons nuire ne préjudicier et dont nous, en tant que mestier soit, l'avons relevé et relève de grâce espécialle par ces présentes. Et pour ce que l'on dict ledit du Plesseys estre et se tenir en place forte et ne peut l'en parler à luy ne approcher du lieu par seureté et est besoin icelluy adjourner par actache à l'églize de sa paroisse ou à la personne de sa femme, gens, serviteurs, procureur, ou entremetteur de ses affaires, mandons et commandons au premier huyssier de nostre cour de parlement ou nostre sergent qui sur ce sera requis que, à la requeste dudit exposant, il adjourne ledit du Plesseys à jour certain et compétant en nostre dite court, jour ordinaire ou extraordinaire de nostre présent parlement, soit par atache à l'église parochial où il est demourant, ou à sa femme, gens, serviteurs, procureurs et entremetteurs de ses afaires, et lesquelz exploictz que ainsi seront faictz voulons estre d'autel valleur et effect comme si faictz estoient à sa personne nonobstant quelconques lettres subreptices à ce contraires. Mandons et commandons à tous nos justiciers, officiers et subjectz que ce faisant soit obéi.

« Donné à Paris, le xxie jour de may l'an de grâce mil cinq cens et cinq et de nostre resgne le huytiesme. Ainsi signé, par le conseil, Morellot, et scellé de cire jaulne en queue simple.

A mes très honorables seigneurs messeigneurs tenans la court du présent parlement du Roy, nostre sire, au Palais à Paris, Jehan Bachelier, huissier en ladite court, honneur et révérance. Mesdits seigneurs plaise vous scavoir que par vertu des lettres royaulx cy-attachées, dattées du xxie jour de may mil cinq cens et cinq, signées Morellot, à moy présentées et baillées de la partie de Franczois de Mésange, escuier, seigneur de Soulday, en son nom et comme ayant la garde noble de deux enffans mineurs d'ans de luy et de deffuncte Catherine de Sainct-Berthevin, en son vivant sa femme, impetré d'iceluy et à la requeste de maistre Jehan Perrier, procureur en ladite Court, son procureur, Je, le xxiiie jour dudit moys de may an que dessus et estant en la grand salle dudit pallais, ay apprehendé en personne maistre Denys Girard, aussy procureur en ladite Court, procureur et conducteur en icelle des besoingnes et affaires d'un nommé Guillaume du Plesseys nommé esdites lettres, et lequel du Plesseys pour ce que ne l'ay peu appréhender en personne en parlant audit Girard, son procureur, l'ay adjourné ad ce qu'il fust et comparust en ladite Court à la quinzaine ensuyvant jour ordinaire ou extraordinaire du présent parlement, pour voir par ladite Court procéder à l'enterignement des dites lettres royaulx, respondre et proceder comme de raison. Par lequel Girard fust respondu qu'il n'acceptoit ledit adjournement et que la clause d'autorisation contenue esdites lettres se atteindoit au procureur du lieu et villaige dudit sieur du Plesseys. Et le lendemain xxiiiie jour dudit moys, en la présence dudit Périer, ledit Girard et ung nommé maistre Jehan de Barenton, curé dudit lieu, soy disant cousin dudit du Plesseys, lequel Barenton me requist de voir lesdites lettres, auquel Barenton j'ay baillé lesdites lettres lesquelles il leust de mot à mot. Ce faict, à la requeste dudit Perrier oudit nom et comme procureur dudit sieur de Soulday, j'ay adjourné ledit du Plesseys en parlant audit de Barenton, son cousin, ad ce qu'il fust et comparust en ladite Court au lundy ensuyvant xxvie jour dudit présent moys de may, jour ordinaire ou extraordinaire que dessus, pour voir par vous mesdits seigneurs proceder à l'enterignement et exécution desdites lettres, procéder et aller avant comme de raison, lequel Barenton fust repondu qu'il n'acceptoit point ledit adjournement, mais que si je luy voullois bailler trois sepmaines qu'il l'accepteroit, ce que ledit Perrier ne voullust.

« Ce faict ledit de Barenton me requist coppie desdites lettres que luy baillée. Et tout ce que dessus est dict, mesdits seigneurs vous certiffie estre vray, tesmoing mon seing manuel cy mis les jours et ans dessusdits.

« Ainsy signé : Bachelier.

« Collation faicte aulx originaulx des coppies dessus escriptes par nous cy-dessoubz signez, le second jour de novembre l'an mil cinq cens et sept.

« J. Bautru.
G. Gohu. »

Arch. du château de Glatigny, paroisse de Souday. Copie papier.

www.ingramcontent.com/pod-product-compliance
Lightning Source LLC
LaVergne TN
LVHW050644090426
835512LV00007B/1032